Länder und Völker

Südostasien

Länder und Völker

Südostasien

Indonesien
Papua-Neuguinea
Malaysia
Singapur
Thailand
Laos
Kambodscha
Vietnam
Philippinen

Verlag Das Beste Stuttgart · Zürich · Wien

Länder und Völker

Südostasien

Texte und Bilder dieses Bandes basieren auf dem Serienwerk BEAUTÉS DU MONDE, verlegt bei Larousse, Paris, und erstellt von der Redaktion Larousse.

Freie Mitarbeiter

Übersetzung aus dem Französischen:
Dr. Peter Göbel
Redaktionelle Bearbeitung: Eberhard Riech

Bücher und Neue Medien

Redaktionsdirektor: Ludwig R. Harms
Redaktionelle Koordination:
Margrit Helmbold

Produktgrafik

Art Director: Werner Kustermann
Art Editor: Rudi K. F. Schmidt
Einbandgestaltung: Rolf Bez

Materialwirtschaft

Direktor Materialwirtschaft:
Joachim Forster
Leitung Produktion Bücher:
Alfred Wohlfart
Herstellung: Hans-Peter Ullmann

Printed in Italy
ISBN 3 87070 340 7

Inhalt

▲ *Frauen bei der Reisernte auf Java (Indonesien)*

▲ *Szene in den Tiger Balm Gardens in Singapur*

▲ *Ein prächtiger Paradiesvogel, das Wappentier von Papua-Neuguinea*

Einleitung

Der Name Südostasien wird erst seit höchstens 100 Jahren verwendet; früher nannten die Europäer den je nach Grenzziehung zwischen 4 und 5 Mio. km^2 großen Erdteil Hinterindien, Inselindien oder auch Ostindien. Für die Länder an der Festlandsküste des Südchinesischen Meers ist außerdem die zusammenfassende Bezeichnung Indochina bis heute gebräuchlich.

Der asiatische Kontinent ist an seiner Südostecke in nahezu 20 000 Inseln und mehrere große Halbinseln aufgesplittert, die als „Trittsteine“ einer Landbrücke Asien mit Australien verbinden. Diese Landbrücke gilt als Grenze zwischen dem Pazifischen und dem Indischen Ozean. Auch wenn klare, von der Natur gezogene Grenzen fehlen, haben die Länder Südostasiens doch eine ganze Reihe übereinstimmender Merkmale. Die Gemeinsamkeiten bestehen vor allem in der in großen Zügen gleichlaufenden kulturellen Entwicklung, die bis zum Beginn der Kolonialzeit hauptsächlich von Indien und China, den beiden großen Nachbarn im Westen und Norden, geprägt wurde.

Südostasien ist demnach in erster Linie ein durch seine als indochinesisch bezeichnete Kultur definierter Teil der Erde. Er umfaßt die heutigen, in diesem Band beschriebenen Staaten Indonesien, Papua-Neuguinea, Malaysia, Singapur, Thailand, Laos, Kambodscha, Vietnam und die Philippinen. Birma, das viele Geographen ebenfalls zu Südostasien zählen, wird aus praktischen Gründen zusammen mit seinem riesigen Nachbarland Indien in einem anderen Band der Buchreihe LÄNDER UND VÖLKER behandelt.

Was die Landesnatur anbelangt, so gliedert sich der indochinesische Kulturerdteil in das festländische Südostasien sowie in die beiderseits des Äquators gelegene Inselwelt, das eigentliche Inselindien, dessen hervorstechendstes Merkmal seine mehr als 200 jungen Vulkane sind, von denen fast 100 in den beiden letzten Jahrhunderten noch tätig waren. Hier ereigneten sich im 19. Jh. die zwei folgenschwersten Vulkanausbrüche auf der Erde seit Menschengedenken. Für die auf dem südostasiatischen Festland gelegenen Länder sind dagegen große, fruchtbare Stromebenen typisch, die als Reiskammern die Einwohner mit dem wichtigsten Grundnahrungsmittel versorgen.

Ganz Südostasien liegt innerhalb der Tropen. Die mittleren Lufttemperaturen schwanken daher im Lauf des Jahres kaum und betragen, von den höheren Gebirgen einmal abgesehen, überall mehr als 20 °C. Bei den Niederschlägen dagegen gibt es von Land zu Land und von Insel zu Insel, oft auf engstem Raum, deutliche Unterschiede. Während in der äquatorialen Klimazone

▲ *Balinesische Tempeltänzerin in einem kostbaren Kleid aus Goldbrokat; ihren Kopf schmückt eine mit Edelsteinen und tropischen Blüten verzierte Krone.*

zwischen etwa 5° nördlicher und 5° südlicher Breite das ganze Jahr über ergiebige Niederschläge fallen, wechseln in den äußeren Tropen Regenzeiten mit längeren Trockenzeiten. Auf dem südostasiatischen Festland regnet es so z. B. in den Monaten Mai bis September am meisten, da der Südwestmonsun in dieser Zeit feuchtwarme Luftmassen vom Indischen Ozean aufs Festland treibt. Im Herbst wechselt dann die vorherrschende Windrichtung, und mit den relativ trockenen Luftmassen aus dem Innern Asiens beschert der Nordostmonsun dem größten Teil Hinterindiens einen sonnigen, niederschlagsarmen Winter. Wie im übrigen Monsunasien wird der Jahreslauf der Natur, aber auch

▼ *Chinesischer Andenkenladen auf der Insel Penang (Malaysia)*

▲ *Alte Krieger vom Stamm der Ifugao auf der Insel Luzon (Philippinen)*

▲ *Blattgoldschmuck im Königspalast Wat Phra Kaeo in Bangkok*

▲ *Dschunken im Golf von Tonking vor der Küste Vietnams*

der Menschen vom Wechsel zwischen Regen- und Trockenzeiten bestimmt.

Ursprünglich waren die Länder innerhalb der äquatorialen Klimazone beinahe lückenlos von immergrünen tropischen Regenwäldern bedeckt. Die natürliche Vegetation der Zone mit wechselfeuchtem Monsunklima sind Wälder, die in den Trockenzeiten ihr Laub ganz oder teilweise abwerfen. Die Flora der tropischen Wälder Asiens ist außergewöhnlich artenreich, ebenso die Fauna, zu der so seltene Arten wie der Orang-Utan oder das Java-Nashorn gehören. Noch sind weite Flächen bewaldet, sie schrumpfen jedoch rapide und in alarmierender Weise, weil die südostasiatischen Staaten ständig mehr Acker- und Weideland benötigen. Seit dem Beginn der siebziger Jahre, also in nur zwei Jahrzehnten, ist die Einwohnerzahl Südostasiens um rund 50 % gewachsen, und heute leben dort mehr als 380 Mio. Menschen.

Hinter den nüchternen Zahlen der Bevölkerungsstatistik verbirgt sich eine geradezu überwältigende Vielfalt von Rassen, Völkern, Religionen und Sprachen. Allein auf Neuguinea werden rund 700 verschiedene Sprachen gesprochen, auf den Philippinen fast 100. Alle großen Weltreligionen – der Islam, der Buddhismus, der Hinduismus, das Christentum – haben in Südostasien Millionen von Anhängern. Hinzu kommen Konfuzianer, Taoisten und die Anhänger zahlloser Natur- und Stammeskulte. Die hellhäutigen Malaien, die tiefschwarzen Papua und die vielen anderen Rassen bilden ein wahrhaft babylonisches Völkergemisch, das Südostasien den treffenden Beinamen „Balkan Asiens" eingetragen hat. In fast allen Ländern steht ein Staatsvolk (wie die Thai in Thailand), das über die fruchtbarsten Gebiete und die politische Macht verfügt, einer Vielzahl von ethnischen Minderheiten gegenüber, die als sogenannte Bergvölker oder Bergstämme meist in Randgebiete abgedrängt wurden. Als dritte große Bevölkerungsgruppe kommen überall die fremden Zuwanderer hinzu, allen voran die Chinesen. Jedes Volk hat seine eigene lebendige Kultur; das Bild der Kulturlandschaft ist daher in Südostasien bunt und voller Kontraste wie sonst nirgends auf der Erde.

Bei allen Gegensätzen verbindet die Länder Südostasiens noch ein weiteres wichtiges Merkmal: Ihre Bewohner bauen seit Jahrtausenden Reis an; Südostasien ist der Erdteil des Reisanbaus, und für seine Bevölkerung ist Reis das Hauptnahrungsmittel. In der Liste der wichtigsten Agrarprodukte folgen dann die Früchte der Kokospalmen, Kautschuk und Gewürze. An Bodenschätzen besitzt Südostasien vor allem Zinn, Erdöl und Erdgas sowie bedeutende Vorkommen von Nickel, Kupfer, Blei, Zink, Mangan, Molybdän und Edelmetallen.

Die Redaktion

▲ *Tidore ist eine der rund 13 700 Inseln Indonesiens. Sie gehört zu den Vulkaninseln der nördlichen Molukken.*

Indonesien

Der größte Inselstaat der Erde erstreckt sich beiderseits des Äquators mehr als 5000 km weit von der Nordspitze Sumatras bis nach Neuguinea hinein. Auf der Landbrücke zwischen Asien und Australien lebt fast die Hälfte aller Einwohner Südostasiens.

Ungefähr 70 % des gut 2 Mio. km² großen Staatsgebiets von Indonesien werden von vier Inseln eingenommen: Sumatra, durch die Malakkastraße von der Malaiischen Halbinsel getrennt, Kalimantan (Borneo), von dem etwa ein Viertel zu Malaysia und Brunei gehört, Sulawesi (Celebes), annähernd im Zentrum des Archipels gelegen, und schließlich Java, der am dichtesten besiedelten Insel Inselindiens. Ungefähr 20 % der Landesfläche entfallen auf Irian Jaya, den indonesischen Westteil von Neuguinea. Außer den genannten Inseln umfaßt die Republik noch exakt 13 672 weitere Inseln und Eilande, von denen allerdings die meisten unbewohnt sind. Sie bilden Inselketten und Archipele wie die Tanimbarinseln, die Molukken oder die Kleinen Sundainseln.

In den geographischen Handbüchern wird der gebirgige und vulkanische Charakter des Inselreichs hervorgehoben, ebenso sein facettenreiches tropisches Klima, das den Gebirgen an der Westseite Kalimantans bis zu 6000 mm, den östlichen Sundainseln aber zum Teil nur 600 mm Regen pro Jahr beschert. Im gleichmäßig warmen Klima gedeihen je nach der Zahl der trockenen Monate immergrüne tropische Regenwälder oder aber laubabwerfende Monsunwälder. Im Artenspektrum von Flora und Fauna sind von Westen nach Osten hin zunehmend Vertreter des australischen Pflanzen- und Tierreiches anzutreffen.

Bei den Rassen, Völkern und Kulturen bildet Inselindien ebenfalls ein breites Über-

▲ *Auf der vor der Westküste Sumatras gelegenen Insel Nias haben sich bis heute viele ursprüngliche Gebräuche erhalten. Hier ein Mann in der alten Kriegertracht.*

gangsgebiet zwischen Asien, Australien und Ozeanien. Bezüglich der Rassenzugehörigkeit liegen Welten zwischen den schwarzen, kraushaarigen Papua auf Neuguinea und den hellbraunen, grazilen Balinesen. Die Einwohner Balis sind wie die meisten Indonesier Malaien. Strenggenommen sind die Begriffe „Papua" und „Malaien" Sammelbezeichnungen für eine Vielzahl von Völkern, die bei den Papua alle jene einheimischen Stämme umfassen, die keine der Sprachen der großen austronesischen Sprachfamilie sprechen. Bei den Malaien wird wiederum grob zwischen den Jungmalaien und den Altmalaien unterschieden, die wohl in vorgeschichtlicher Zeit vom asiatischen Festland her eingewandert sind und sich angesiedelt haben.

In Zahlen ausgedrückt, leben in Indonesien gegenwärtig rund 450 Völker, von den kleinsten Stämmen in den Urwäldern Kalimantans bis zu den Javanern, die mit 80 bis 90 Mio. die weitaus größte Bevölkerungsgruppe stellen. Alle Wirtschafts- und Kulturstufen der Menschheit, von den Jägern und Sammlern über Stämme, die Wanderfeldbau betreiben, bis zur westlich geprägten Industriegesellschaft in den größten Städten, sind in dem südostasiatischen Inselreich vertreten. Obwohl sich die Unterschiede in jüngerer Zeit verwischt haben, halten noch immer viele Völker an ihrer althergebrachten Lebensweise fest. Zu diesen gehören etwa die Batak in der Nordhälfte Sumatras, die bis zum vorigen Jahrhundert in der Abgeschlossenheit der Gebirge um den Tobasee in mehreren kleinen Königreichen ihre Unabhängigkeit bewahren konnten. Das traditionelle Gesellschaftssystem der Batak mit seiner Gliederung in Sippen hat in den Grundzügen noch heute Bestand. Ein anderes Beispiel sind die Toraja, ein Volk von Reisbauern und Viehzüchtern, das im Innern von Sulawesi lebt. Die Toraja haben zum großen Teil den christlichen Glauben angenommen, bleiben aber auch weiter ihrer alten Religion mit eindrucksvollen Begräbniszeremonien und blutigen Tieropfern treu.

▲ *Die dunkelhäutigen, kraushaarigen Papua leben auf der Insel Neuguinea, deren Westteil Irian Jaya seit 1969 der indonesischen Verwaltung unterstellt ist.*

Facettenreiche Inselwelt

Im Gegensatz zu den altindonesischen Bergvölkern mit ihren Stammesverbänden gehört die Mehrheit der jungindonesischen Völker seit Jahrhunderten Staatswesen an, die zahlreiche Stämme in sich vereinigten und miteinander verschmolzen. Als Träger der ersten Hochkulturen in Inselindien entwikkelten diese Völker ausgeklügelte Bewässerungs- und Anbautechniken und unter dem Einfluß des Buddhismus und des Hinduismus, die von Indien ausgingen, auch ihre eigene Baukunst und Literatur. Seit Ende des 13. Jh. breitete sich dann der Islam rasch in Südostasien aus, und heute sind beinahe 90 % der Indonesier Moslems. Der Hinduismus hat vor allem noch auf der Insel Bali 2–3 Mio. Anhänger; die balinesische Variante dieser Religion unterscheidet sich allerdings deutlich von der ursprünglichen Form

▲ *Für die Balinesen ist der gewaltige Banyan ein heiliger Baum. Sie glauben, daß sich im Gewirr seiner Luftwurzeln freundliche Gottheiten verbergen.*

und hat in ihrer Götterwelt auch Platz für die alten einheimischen Natur- und Stammesgottheiten. Das indische Kastenwesen wurde von den Balinesen ebenfalls angenommen, spielt jedoch im Alltag lediglich eine untergeordnete Rolle, da sich nur ein geringer Teil der Bevölkerung einer der drei großen Kasten zugehörig fühlt. So ist es zu verstehen, daß der bedeutende indische Schriftsteller Rabindranath Tagore bei einem Besuch auf Bali sagte: „Ich sehe Indien überall, aber ich erkenne es hier nicht wieder."

Auf Java haben die im Westen der Insel beheimateten Sundanesen und die Javaner als stärkste Bevölkerungsgruppe den Hinduismus, den Buddhismus und schließlich den Islam angenommen. Die fremden Religionen konnten das Weltbild der einfachen Bauern indes nicht grundlegend verändern. Sie glauben noch immer fest daran, daß zwischen den Menschen und den Kräften der Natur Harmonie bestehen muß. Dieses Bedürfnis nach allumfassender Harmonie spiegelt sich beispielsweise noch heute in rituellen Mahlzeiten oder in der Pflicht der Dorfbewohner zur Nachbarschaftshilfe (*gotong-royong*) wider. Die einheimischen Fürsten nahmen die fremden Einflüsse bereitwillig auf und begannen eine Geisteshaltung zu entwickeln, in deren Zusammenhang sie sich selbst als Hauptdarsteller im Ränkespiel des höfischen Lebens deuteten. Nach indischem Vorbild entstanden im Mittelalter sowohl auf Java wie auch auf Bali streng hierarchisch gegliederte Staatswesen, in denen dem König zwar göttliche Macht zugeschrieben wurde, der politische Einfluß allerdings meist in den Händen der Minister und Höflinge lag. Indische, persische und arabische Kaufleute verbreiteten die Lehre des Propheten Mohammed in den Hafenstädten des Archipels. Die Verbindung des Islam mit dem einträglichen

▲ *Die Minangkabau in Westsumatra leben in einer matriarchalischen Gesellschaft. Ihre mit buntbemalten Schnitzereien verzierten Holzhäuser sind jeweils das Eigentum der Ehefrauen. Männer, die mit mehreren Frauen verheiratet sein dürfen, sind dort nur als Gäste willkommen.*

Außenhandel, die den Moslems materielle Vorteile einbrachte, war wohl eine entscheidende Antriebskraft für die rasche Ausbreitung dieser Religion in Indonesien.

Nach dem 14. Jh. zerfiel das mächtige Königreich Majapahit, das zeitweise ganz Inselindien umfaßt hatte, in zahlreiche kleine moslemische Fürstentümer. Die Sultanate an der Küste erlebten in den folgenden Jahrhunderten eine Blütezeit, denn ihre Flotten beherrschten die Meeresstraßen und damit den Handel. Später mußten sie das Gewürzmonopol, das sie reich gemacht hatte, allerdings den Portugiesen und anderen europäischen Mächten überlassen. So erging es der Provinz Aceh, der schärfsten Rivalin von Malakka auf der Malaiischen Halbinsel, den Sultanen von Palembang (Sumatra), Bandung (Java), Banjarmasin (Kalimantan), Makassar (Sulawesi) ... Auf der langen Liste stehen auch die kleinen Königreiche der als Gewürzinseln bekannten Molukken (Ternate, Tidore, Ambon), die als erste der Habgier der Europäer zum Opfer fielen. Bereits seit Jahrtausenden gab es einen florierenden Handel zwischen Indonesien und fremden Ländern; das in Tausende von Inseln zersplitterte Reich verlangte geradezu nach der Entwicklung der Seefahrt und dem Warenaustausch zwischen den Völkern. Nachdem die Indonesier jahrhundertelang mit ihren Nachbarn friedlich Handel getrieben hatten, erschienen nun die europäischen Kolonialmächte auf den Inseln, setzten sich auf ihnen fest und begannen, Land und Leute mit unerbittlicher Grausamkeit auszubeuten.

▲ *Mit Palmwedeln gedecktes Haus auf Flores*

Ein Brennpunkt der Weltgeschichte

Es begann mit dem Pithecanthropus ...

Vor der Schilderung der Kolonialzeit zunächst aber noch ein Blick zurück: Die Geschichte zeigt, daß die tropische Inselwelt Indonesiens mit ihren Naturschätzen bereits in grauer Vorzeit Menschen angezogen hat. Offensichtlich war schon der *Pithecanthropus erectus*, einer der Urahnen des Menschen, vor mehreren hunderttausend Jahren über

▶ *Die Toraja auf Sulawesi (Celebes) errichten Pfahlhäuser, deren Dächer von der Seite gesehen an einen Schiffsrumpf erinnern.*

▲ *Der Kunstsinn der Balinesen spiegelt sich in den aus Früchten, Blüten und kleinen Kuchen aufgetürmten Pyramiden wider, die sie beim Odalanfest ihren Göttern opfern.*

die damals existierende Landbrücke vom asiatischen Festland her eingewandert. 1891 fand Eugène Dubois die versteinerten Überreste dieses Urmenschen auf Java. Zwischen dem 3. und dem 2. Jt. v. Chr. erlebte die Inselwelt Indonesiens zwei große malaiische Einwanderungswellen. Den ältesten schriftlichen Dokumenten zufolge trieben die Chinesen in den ersten Jahrhunderten unserer Zeitrechnung bereits einen schwunghaften Handel mit den Indonesiern; rund 1000 Jahre lang, vom 5. bis 15. Jh., hinterließ dann die indische Kultur tiefe Spuren in diesem Teil Südostasiens.

Hinduistische und buddhistische Bauwerke auf Sumatra, Bali und vor allem auf Java sind Zeugen der kulturellen Blüte in jener Zeit. In Zentraljava wurden zwischen dem 8. und dem 10. Jh. auf dem Diengplateau mehrere Dutzend Hindutempel erbaut; nicht weit davon entfernt schufen die Könige der Sailendradynastie die buddhistische Tempelanlage von Borobudur. Der Tempelkomplex von Prambanan, das größte hinduistische Heiligtum Indonesiens, wurde von der Mataramdynastie geschaffen.

In Ostjava und auf Bali, wo die bedeutendsten Baudenkmäler aus dem Zeitraum

▶ *Die ausgedehnten Tempelanlagen Balis – im Bild das Bergheiligtum Pura Kehen – sind fast immer nach demselben Grundschema angelegt. Zum Ensemble einer jeden Anlage gehören die Merus, pagodenförmige, mehrstufige Tempelschreine, die verschiedenen Gottheiten geweiht sind. Je nach dem Rang der Gottheit variiert die Zahl ihrer Dächer. Der elfstufige Meru im Vordergrund ist dem Gott Schiwa geweiht.*

▲ *Beim* Kecak, *dem Affentanz, begleiten die Männer mit Gesängen und Gesten die Episoden aus dem hinduistischen Epos* Ramajana, *die ein Erzähler in ihrer Mitte vorträgt (Bali).*

zwischen dem 10. und 15. Jh. stammen, regierten damals Fürsten, deren Ruhmestaten von Dichtern verewigt wurden. Indonesische Historiker bezeichnen diese Periode als die „goldene Zeit Indonesiens“.

An der Wende vom 15. zum 16. Jh. gingen die Europäer daran, die arabischen Zwischenhändler auszuschalten und sich direkten Zugang zu den Reichtümern Indonesiens zu verschaffen, allen voran die Portugiesen, die 1522 die Molukken eroberten und sich damit das so begehrte Gewürzmonopol sicherten. Bald tauchten europäische Rivalen in Südostasien auf, die den Portugiesen das Handelsmonopol streitig machten. Besonders die Niederländer vermochten sich erfolgreich zu behaupten. Sie gründeten 1602 die Vereinigte Ostindische Kompanie, die mit den Häfen Batavia und Makassar die wichtigsten Umschlagplätze im Gewürzhandel in ihre Hand brachte. Bei der Eroberung von Makassar im Jahr 1668 mußten die Niederländer allerdings große Verluste hinnehmen; ihre Monopolstellung schien gefährdet – weniger der europäischen Konkurrenz als vielmehr des Widerstands der einheimischen Fürsten wegen. Immer wieder kam es vor, daß einer der Herrscher aus dem Monopol ausbrach, alle niederländischen Händler ermorden ließ und den Versuch unternahm, mit der Konkurrenz Geschäftsbeziehungen zu knüpfen.

Die niederländische „Befriedung“

Kolonialzeit und Freiheitskampf

Auch die Javaner machten den Niederländern zu schaffen; erst um die Mitte des 18. Jh. gaben sich die meisten javanischen Herrscher geschlagen, viele leisteten aber weiter Widerstand oder zogen den Freitod dem Joch der Kolonialherrschaft vor. Nachdem Java während der Napoleonischen Kriege für wenige Jahre unter französischer und britischer Oberhoheit gestanden hatte, ging der niederländische Staat, der die Rechte von der nun hochverschuldeten Ostindien-Kompanie erworben hatte, daran, sich der letzten mehr oder weniger unabhängigen Fürstentümer von Surakarta und Jogjakarta zu bemächtigen. Die Niederländer benötigten indes noch viele Jahre, um ihre Herrschaft über den ganzen Archipel zu festigen. Selbst in unserem Jahrhundert mußten sie noch mehrere Feldzüge zur „Befriedung“ von Provinzen unternehmen, besonders auf Sumatra, Kalimantan, Sulawesi und Bali.

Die Kolonialregierung in Batavia, dem heutigen Jakarta, verfolgte zwei einander entgegengesetzte Ziele: Einerseits versuchte sie, möglichst großen wirtschaftlichen Gewinn aus der Kolonie zu ziehen, andererseits war sie aber auch bestrebt, dem Volk ein erträglicheres Leben zu ermöglichen. Beide Ziele ließen sich nur schwer miteinander vereinbaren. Die Niederländer mußten sich außerdem mit der immer stärker werdenden Unabhängigkeitsbewegung auseinandersetzen. Für die meisten Indonesier schien das Ende der Kolonialherrschaft gekommen, als die Japaner im März 1942 die Inseln eroberten, doch die Unterdrückung durch die Japaner war noch schlimmer als die Ausbeutung durch die Niederländer. Die Kapitulation Japans am Ende des Zweiten Weltkriegs gab Achmed Sukarno und Mohammed Hatta, den beiden prominentesten Führern der Unabhängigkeitsbewegung, die Chance, am 17. August 1945 die Unabhängigkeit der Republik Indonesien auszurufen. Die Niederländer erkannten die Regierung jedoch nicht an und landeten wieder auf den Inseln. Erst nach mehr als vierjährigem, blutigem Freiheitskrieg wurde Ende 1949 die Souveränität der jungen Republik bestätigt. Als letzter Teil von Niederländisch-Indien ging Irian Jaya, die westliche Hälfte von Neuguinea, 1963 in die Hände der Indonesier über.

Der neue Staat

Ein Nationalitätenpuzzle

Das heutige Indonesien erscheint dem Besucher aus dem Ausland als eine in sich geschlossene, mächtige Nation; in Wirklichkeit liegt die Eigenart der Inselrepublik aber gerade in ihren inneren Gegensätzen, im Zusammenspiel vieler verschiedener Volksgruppen und der Einflüsse unterschiedlichster Kulturen. Die Einheit ist, wie die Indonesier selbst sagen, erst das Ergebnis dieser Vielfalt. Um sich zu einer führenden Nation der dritten Welt zu entwickeln, mußte die junge Republik eine ganze Reihe von Kinderkrankheiten überstehen. Mit der von der Kolonialmacht über-

▲ *Zu den balinesischen Tänzen gehört auch der* Barong, *in dessen Verlauf sich die* Kris-*Tänzer zu erdolchen drohen. Der Barong symbolisiert den Kampf zwischen dem Guten und dem Bösen.*

▲ *Zentrale Figuren des Barong sind das gleichnamige Fabeltier (oben), Sinnbild des Guten, und die Hexe* Rangda, *die, noch abschreckender dargestellt als der ohnehin wenig vertrauenerweckende Barong, das Böse verkörpert.*

nommenen parlamentarischen Demokratie machte der Vielvölkerstaat Indonesien keine guten Erfahrungen; Wahlen führten angesichts der verwirrenden Parteienvielfalt zu keinen klaren Regierungsverhältnissen. Außerdem kam es immer wieder zu Aufständen, die durch Separatisten und strenggläubige Moslems geschürt wurden. Das Experiment einer „gelenkten Demokratie", das Präsident Sukarno zwischen 1959 und 1965 mit einer in sich höchst gegensätzlichen Regierungsmannschaft aus Nationalisten, Moslems und Kommunisten wagte, scheiterte vor allem an der katastrophalen Wirtschaftslage. Nach 1965 wurde Sukarno schrittweise durch den heute bereits in der fünften Amtsperiode regierenden Präsidenten Suharto entmachtet, der eine Politik der Öffnung zum Westen verfolgt.

Mit der Ausfuhr von Kautschuk, Holz, Kaffee, Palmöl, Gewürzen und anderen Agrarprodukten, vor allem aber mit dem Erdölexport aus den Feldern in Sumatra, Kalimantan und Java, verfügt die indonesische Wirtschaft im Grunde über ein stabiles wirtschaftliches Fundament. Dennoch befindet sich Indonesien – potentiell eines der reichsten Länder der Erde – in einer seit Jahren andauernden wirtschaftlichen Krise. Gefahren drohen dem jungen Staat heute aber vordringlich durch das enorme Bevölkerungswachstum, das wirksam einzudämmen der Regierung bislang noch nicht gelungen ist. Nach neueren Schätzungen wird die Bevölkerungszahl Indonesiens von derzeit

▶ *Im dichtbesiedelten Indonesien muß auch das kleinste Fleckchen Land landwirtschaftlich genutzt werden. Für den Anbau von Reis hat man kunstvolle Terrassen angelegt.*

▲ *Reisernte auf Java, der Hauptinsel Indonesiens; auf fruchtbaren, gut bewässerten Feldern sind vielerorts drei Ernten in zwei Jahren möglich.*

167,9 Mio. bis zum Jahr 2000 auf über 210 Mio. anwachsen. Ein weiteres Problem ist die ungleiche Bevölkerungsverteilung zwischen Java, das bis zur Jahrtausendwende wahrscheinlich mehr als 100 Mio. Menschen beherbergen muß, und den bisher nur relativ dünn besiedelten „Außeninseln".

Java

JAVA, innerhalb der Inselkette zwischen Sumatra im Westen und Bali im Osten gelegen, ist die Hauptinsel Indonesiens, zwar nicht der Fläche, wohl aber der Einwohnerzahl und der historischen Bedeutung nach. Auf der „grünen Insel" mit ihren fruchtbaren vulkanischen Böden liegt auch die Hauptstadt Jakarta, das frühere Batavia. Sie zählt heute 7,4 Mio. Einwohner und ist damit die größte Stadt der Republik sowie das wirtschaftliche, kulturelle und politische Zentrum des Landes.

◀ *Bali: Die im 11. Jh. in den Fels geschlagenen Königsgräber von Gunung Kawi enthalten die sterblichen Überreste großer Könige aus ältester Zeit.*

Über die Häfen an der Nordküste, neben Jakarta vor allem Semarang und Surabaya, gelangten nicht nur Waren, sondern auch fremde Menschen und Ideen nach Java. Hier haben sich viele der nach Indonesien eingewanderten Chinesen angesiedelt. Ihr Bevölkerungsanteil im gesamten Land beträgt zwischen 2 und 3 %. Am Wirtschaftsleben haben sie als Händler, Handwerker und Bankiers allerdings einen ungleich größeren Anteil. Die meisten Inselbewohner (ungefähr 80 %) leben auf dem Land und ernähren sich überwiegend von der Landwirtschaft. Sie gehören zwei großen Bevölkerungsgruppen an, die jeweils ihre eigene Sprache sprechen: den Sundanesen, die im Westen der Insel rund um Bandung beheimatet sind, und den eigentlichen Javanern, die hauptsächlich in Zentral- und Ostjava leben.

Jakarta

Symbol der nationalen Einheit

Eine Fahrt durch die indonesische Metropole von der schlickigen Küste der Javasee bis zum etwa 20 km landeinwärts gelegenen Stadtrand ist wie ein Bummel durch ihre bewegte Geschichte. Die Portugiesen, die zu Beginn des 16. Jh. in der Nähe des Hafenstädtchens Sunda Kelapa landeten, gingen sofort daran, hier eine Handelsniederlassung einzurichten. Einige Jahre später wurde diese vom Sultan von Banten erobert, und um 1600 erhielten die Niederländer gemeinsam mit den Engländern von den einheimischen Machthabern die Erlaubnis, einen Handelsposten zu gründen. Bald jedoch gab es Streit zwischen den Konkurrenten, und 1619 vertrieben die Niederländer die englische Besatzung samt ihren einheimischen Bundesgenossen. Zum Schutz des Hafens erbauten sie ein starkes Fort, dem sie den Namen Batavia gaben. Von ihm ist nichts mehr erhalten geblieben. Das ehemalige Rathaus, 1710 errichtet, und die Portugiesische Kirche, in der einst für befreite, zum Christentum bekehrte Sklaven in portugiesischer Sprache Gottesdienste abgehalten wurden, stehen dagegen noch im Zentrum von Alt-Jakarta.

Der Stadtkern mit seinen Kanälen und Giebelhäusern bietet das Bild einer alten niederländischen Stadt. Seit der Gründung Batavias hat sich die Küstenlinie durch die Ablagerung von Sand und Schlick 3–4 km seewärts verschoben. Im alten Hafen an der Mündung des Flusses Tjiliwung ankern

▲ *Taman Sari war einst das Lustschloß der Sultane von Jogjakarta.*

heute nur noch Boote und kleine Schiffe, darunter die *Bugis,* die traditionellen Segelschiffe, die heute noch zwischen den Inseln verkehren. Vor etwa 100 Jahren legte man rund 10 km nordöstlich von Alt-Jakarta den Hafen Tanjung Priok an, der jetzt als Hauptumschlagplatz dient. Auch wenn der malerische alte Hafen seine ehemalige Bedeutung als wichtigster Stützpunkt der Gewürzhandelsflotten verloren hat, so ist er doch noch immer sehenswert.

Im Chinesenviertel Glodok im Herzen der Altstadt geht es zu wie in einem Bienenkorb, besonders nach Sonnenuntergang, wenn die größte Hitze vorbei ist. Früher war dieser Teil von Jakarta ein berüchtigtes Fiebernest, in dem Malaria, Cholera und andere Tropenkrankheiten grassierten. Nicht ohne Grund nannte man Batavia im 18. Jh. das „Grab des weißen Mannes". Die Kolonialherren legten daher im 19. Jh. außerhalb der sumpfigen, ungesunden Küstenzone für die Europäer eine neue Wohnstadt an, die sich nach und nach auch zum politischen und wirtschaftlichen Zentrum der Kolonie entwickelte. Im Kern der Neustadt erstreckt sich der 1 km^2 große Medan Merdeka, der Freiheitsplatz. Nach der Unabhängigkeit errichtete man auf ihm als Nationaldenkmal einen 137 m hohen Obelisken mit einer goldenen Flamme auf der Spitze. Um den Platz herum gruppieren sich repräsentative Bauten, meist im niederländischen Kolonialstil. Die ehemalige Residenz des niederländischen Generalgouverneurs dient heute als Palast des Staatspräsidenten; an der Westseite des Freiheitsplatzes steht das Nationalmuseum mit prähistorischen Funden, wertvollen Keramiken vom asiatischen Festland und völkerkundlichen Sammlungen aus dem gesamten Archipel. Aus der Sukarno-Zeit stammt die von einer prächtigen Kuppel gekrönte Nationalmoschee, ein Meisterwerk moderner indonesischer Architektur. An den breiten Boulevards, die vom Freiheitsplatz ausgehen, wurden in den vergangenen Jahrzehnten zahlreiche Hochhäuser für Banken, Botschaften, Handelsgesellschaften und Hotels erbaut. Von den Balkons der großen Hotels hat man einen guten Überblick über das Häusermeer der indonesischen Metropole, deren Einwohnerzahl jährlich um fast 5% wächst. Ungefähr die Hälfte der Einwohner Jakartas lebt in *Kampongs,* Stadtvierteln, die mit ihren aus Holz und Bambus errichteten Häusern, mit Bananenstauden und Fruchtbäumen eher großen Dörfern innerhalb der Stadt gleichen, durch den starken Zustrom von Landbewohnern aber immer mehr zu Elendsquartieren verkommen. Viele Zuwanderer lassen sich in den Vororten der Metropole nieder, die dadurch ständig weiter ausufert, benachbarte Dörfer und Städte verschlingt und jetzt mit ihren Ausläufern schon bis zum 50 km vom Stadtzentrum entfernten Bogor reicht. Dennoch hat sich Jakarta durch sein buntes Völkergemisch viel vom besonderen Charme einer südostasiatischen Millionenstadt bewahrt.

Es ist nicht einfach, die riesige Metropole hinter sich zu lassen. An der von Jakarta aus nach Westen führenden Hauptstraße, die durch eine hügelige, vom Reisanbau geprägte Kulturlandschaft führt, reihen sich kleine Dörfer aneinander. Während der Regenzeit, die in Westjava von Oktober bis Mai dauert, sind die Reisfelder bis an den Straßenrand überschwemmt. Nach etwa zwei Stunden erreicht man Banten (Bantam), wo steinerne Zeugen einer ruhmreichen Vergangenheit unter Kokospalmen schlummern: Befestigungsanlagen aus dem 17. Jh., vor allem aber die alte Moschee mit ihrem mehrfach gestuften Dach im javanischen Stil und einem schönen Minarett. Die vielen Pilger erinnern daran, daß Banten ehemals ein Vorposten des Islam in Indonesien war, zu der Zeit, als die europäischen Kaufleute noch mit Geschenken um die Gunst des Sultans von Banten warben. Der kurze Abstecher in den äußersten Westen Javas endet an der Sundastraße mit dem Blick auf das gegenüberliegende Sumatra und die kleine Insel Krakatau. Sie war im August 1883 Schauplatz eines der verheerendsten Vulkanausbrüche aller Zeiten.

Südlich von Jakarta kann man in Bogor ein indonesisches Sanssouci (Buitenzorg) bewundern. Hier im kühleren Hügelland hatte der niederländische Generalgouverneur 1745 aus dem malariaverseuchten Batavia Zuflucht gesucht. Glanzstück Bogors ist der berühmte Botanische Garten, einer der sehenswertesten Südostasiens. Die zu Beginn des 19. Jh. von einem deutschen Professor entworfene Anlage prunkt mit einer überwältigenden Artenfülle tropischer Flora.

Die Hauptstraße von Bogor nach Bandung schlängelt sich weiter durch Teeplantagen und das vulkanische Bergland im Westen der Insel. Vom 1200 m hoch gelegenen Puncakpaß schaut man dann auf die engere Heimat der Sundanesen: das fruchtbare Bergland um Bandung. Die viertgrößte Stadt Indonesiens trägt mehrere schmeichelhafte Beinamen. Bei den Niederländern hieß sie „Paris

▲ *Die traditionellen Tänze, welche die bekannten Heldenepen erzählen, leben von dem reichen Schmuck und der natürlichen Anmut der javanischen Tänzerinnen.*

▲ *Auf dem Diengplateau in Zentraljava befinden sich die ältesten Tempel der Insel. Sie stammen aus der Zeit, als die Bewohner Javas noch überwiegend Hindus waren (8. und 9. Jh.).*

von Java", heute wird sie auch „Blumenstadt" genannt. Tatsächlich gehört Bandung zu den schönsten Städten der Inselrepublik und ist zudem mit dem berühmten Bandung Institute of Technology ein Zentrum moderner Forschung, das in neuerer Zeit zunehmend Unternehmen der Hochtechnologie anzieht. Die Stadt ist außerdem Standort einer staatseigenen Flugzeugfabrik.

Vulkane säumen das Plateau, auf dem Bandung liegt. Ganz in der Nähe der Stadt erhebt sich der Tangkuban Prahu, ein 2084 m hoher Gipfel, dessen Umrisse an einen gekenterten Bootsrumpf erinnern.

Am Fuß des Vulkans erstreckt sich eine wellige, von Kerbtälern zerschnittene und mit hellgrünen Teeplantagen überzogene Hochfläche – eine reizvolle Landschaft mit heißen Schwefelquellen, Wildbächen und Wasserfällen. Die Seen in der Umgebung von Bandung speichern das Wasser, das vor dem Bestellen der Reisfelder auf die Anbauterrassen geleitet wird und die Bergflanken im Morgen- und Abendlicht in riesige, silbern glänzende Treppen verwandelt.

Zentraljava

Von Bandung nach Surakarta

Um den mittleren Teil der Insel kennenzulernen, folgt man am besten den Straßen an der Südküste; auf ihnen kann man in Ruhe die Landschaft genießen. Das Leben auf dem Land hat in Indonesien seinen eigenen gemächlichen Gang, der in erster Linie vom Reisanbau geprägt ist.

Wählt man dagegen die Hauptverkehrsachse entlang der Nordküste Javas, so findet man sich gewiß bald hinter einer Lastwagenkolonne wieder. Der Blick der Menschen in Cirebon und Semarang, den zwei wichtigsten Städten an der Nordroute, war stets hinaus aufs Meer und nach fernen Ländern gerichtet. Es überrascht daher auch nicht, daß das wichtigste Baudenkmal von Cirebon das Grab seines ersten Sultans, eines berühmten Verkünders des Islam, ist. Semarang besitzt einen der ältesten chinesischen Tempel Indonesiens, der die jahrhundertealten Handelsbeziehungen zwischen Inselindien und dem Reich der Mitte belegt. In den Ruinen einer niederländischen Handelsniederlassung spiegeln sich schließlich westliche Einflüsse wider, die vor allem in den Hafenstädten an der Nordküste Javas die tiefsten Spuren hinterlassen haben.

Das südwestlich von Semarang gelegene, mehr als 2000 m hohe Diengplateau wirkt mit seinen oft nebelverhüllten Hochflächen auf den ersten Blick wie die schottischen Highlands. Bald jedoch entdeckt man im Nebel mehrere Dutzend Tempelgruppen, von denen noch acht Tempel recht gut erhalten sind. Sie gehören zu den ältesten hinduistischen Baudenkmälern auf der Insel.

Auch der erste Eindruck des Gunung Tidar, eines Berges nahe der Stadt Magelang, der von den benachbarten Gipfeln um mehrere hundert Meter überragt wird, täuscht. Dem Besucher aus dem Westen mag der Gunung Tidar unbedeutend erscheinen, nach hinduistischer Überlieferung ist er jedoch der Kopf eines Nagels, den die Götter hier tief in die Erde schlugen, um Java damit gewissermaßen festzunageln und zu verhin-

▲ *Der Borobudur ist eines der größten und ältesten buddhistischen Heiligtümer Asiens. Auf Initiative der UNESCO wurde die weltbekannte Tempelanlage in jüngster Zeit mit erheblichem finanziellen Aufwand restauriert.*

dern, daß die Insel mit dem Mahameru, dem heiligen Berg der Hindus, davontreibt.

Nicht weit entfernt vom Gunung Tidar erhebt sich die berühmte Tempelanlage Borobudur, eines der größten buddhistischen Heiligtümer der Erde. In Form einer dreiteiligen Stufenpyramide errichtet, ist der Tempelbezirk in neun Terrassen gegliedert; die sechs unteren sind annähernd viereckig, die drei oberen kreisförmig. Der Tempel symbolisiert damit das Weltbild des Mahayanabuddhismus: Die unterste Terrasse entspricht der Sphäre der Begierden, der irdischen Welt, in der die Menschen leben; die fünf mittleren Terrassen stehen für die Sphäre der Formen; sie sind mit über 1300 Bildreliefs geschmückt, die bedeutende Taten Buddhas und Episoden aus dessen Leben darstellen. Die drei Rundterrassen schließlich verkörpern die formfreie Sphäre, die geistige Welt. Auf ihnen befinden sich 72 glockenförmige, gitterartig durchbrochene Stupas, die je eine Buddhafigur bergen. Die Gipfelterrasse des 42 m hohen Bauwerks wird von einem 8 m hohen Stupa gekrönt, der das Nirwana, den Zustand der Vollkommenheit, symbolisiert. Wenn die Pilger bei ihrem Aufstieg nacheinander die Terrassen

▶ *Der oberste Tempelbezirk des Borobudur, die „formfreie Sphäre“, ist der geistigen, transzendenten Welt gewidmet, die durch Erleuchtung und völlige Wunschlosigkeit gekennzeichnet ist.*

▲ *Reliefs der zweiten Terrasse des Borobudur schildern das Leben Buddhas; die dritte und vierte Terrasse zeigen Ereignisse aus seinen früheren Leben und erzählen vom Wirken des Religionsstifters.*

erklimmen, durchwandern sie nach buddhistischem Glauben alle drei Stufen des Seins.

In Jogjakarta wie in Surakarta beherrschen die prunkvollen Paläste des Sultans das Stadtbild. Der Sultan von Jogjakarta, in den 70er Jahren Vizepräsident der Republik, trägt den Titel *Hamengku Buwono*, was soviel wie „Ernährer der Welt" heißt. An den Toren seines im 18. Jh. erbauten Palasts stehen mit Lanzen bewaffnete Soldaten, die aber vor der friedlichen Invasion der Touristen kapitulieren müssen.

▲ *Bei der Batikherstellung werden Wachsschichten auf den Stoff aufgetragen. Diese Stellen nehmen später im Farbbad keine Farbe an.*

Jogjakarta, bedeutendes Kulturzentrum und während des Unabhängigkeitskampfs von 1946 bis 1950 vorübergehend Hauptstadt Indonesiens, bietet außer dem Palast noch viel Sehenswertes, z. B. das Wasserschloß Taman Sari. Heute stören nicht nur Touristenscharen, sondern auch zahllose Andenkenhändler die Ruhe des Schlosses und seiner Gärten. Die Stadt hat zudem einen großen Vergnügungspark, in dem allabendlich die in Indonesien sehr beliebten Schattenspiele und traditionelle javanische Tänze aufgeführt werden. Man sollte auch nicht versäumen, mindestens eine der berühmten Batikwerkstätten Jogjakartas zu besuchen, deren Produkte neben Silberwaren, Schattenspielfiguren und anderen kunstgewerblichen Erzeugnissen in der Malioboro, der Hauptgeschäftsstraße, angeboten werden. Silberarbeiten kann man mitunter allerdings günstiger in der alten Fürsten- und Silberschmiedestadt Kola Gede einige Kilometer östlich von Jogjakarta kaufen. Weiter im Süden, in Imogiri, breitet sich auf einem Hügel die Nekropole der Herrscher des Reiches Mataram aus, und im Küstenort Parangtritis fordert Nyoai Loro Kidul, die Göttin der Südsee, immer noch Opfergaben von den Gläubigen. Mit seinen herrlichen Sandstränden und mehreren Thermalquellen ist die Umgebung von Parangtritis ein beliebtes Ziel für Badeurlauber und Touristen aus dem In- und Ausland.

Ein anderes Meisterwerk javanischer Architektur auf dem Weg von Jogjakarta nach Surakarta hält dem Vergleich mit Borobudur durchaus stand: die im 9. und 10. Jh. erbaute Tempelanlage von Prambanan. Ursprünglich noch sehr viel eindrucksvoller, wurde sie im Jahr 1549 durch ein schweres Erdbeben fast völlig zerstört, und ihr heutiges Aussehen ist das Ergebnis einer jahrzehntelangen, mühevollen Rekonstruktion. Der Tempelkomplex

besteht aus drei Zonen, acht Tempel befinden sich im Zentrum der Anlage. Dieses bedeutendste hinduistische Heiligtum Indonesiens ist vor allem durch seine kunstvollen, in die Tempelmauern eingemeißelten Reliefs bekannt geworden, die sich in ihrer künstlerischen Vollendung durchaus mit denen des Borobudur messen können. Sie stellen u. a. Szenen aus dem *Ramajana*-Epos dar, einer umfangreichen, im 5. Jh. v. Chr. entstandenen indischen Versdichtung, die über das bewegte Leben der Gottheiten Rama und Sita berichtet.

Während der trockenen Jahreszeit finden in Vollmondnächten innerhalb der Tempel-

▲ *Höhepunkt hinduistischer Kunst in Indonesien: die Tempelanlage Prambanan unweit von Jogjakarta. Der gewaltige Komplex, etwa so alt wie der Borobudur (9. und 10. Jh.), umfaßt nahezu 200 Tempel. Prambanan wurde im Jahr 1549 durch ein Erdbeben zerstört; die Restaurierungsarbeiten dauern seit Ende des Ersten Weltkriegs an.*

anlage von Prambanan Ballettaufführungen des Ramajana-Epos statt. Vor den dunklen Umrissen des Schiwatempels wird die alte Legende tänzerisch wieder zum Leben erweckt: die Liebe zwischen dem Königssohn Rama (eine Inkarnation des hinduistischen Gottes Wischnu) und der Prinzessin Sita, die Entführung Sitas durch den Dämon Rawana, die Befreiung Sitas mit Hilfe des Affenvolks unter seinem König Hanuman ...

Die meisten Mitglieder des Ramajana-Balletts werden in Surakarta, heute Solo, ausgebildet, der alten Rivalin Jogjakartas. Beide Städte waren fürstliche Residenzen, und wie in Jogjakarta bildet in Surakarta der Kraton, der Sultanspalast, den Kern der Stadt. Die Stadt am Fuß des (aktiven) Vulkans Merapi besitzt eine Fülle von Kunstschätzen, die man im Museum Radjapustaka bewundern kann. Surakarta pocht zu Recht auf seinen Ruf als „Kulturstadt", denn neben dem Tanz werden auch andere traditionelle indonesische Künste wie das Schattenspiel oder die Gamelanmusik in der Stadt gepflegt.

Ostjava

Zwischen Ruinen und Vulkanen

Im Osten der Insel sind es nochmals die archäologischen Stätten, welche die Reiseroute bestimmen. Es würde den Rahmen dieses Buches sprengen, alle Heiligtümer, Bauwerke und Ruinen der Region zu erwähnen. Außerdem sind viele weniger ihrer kunsthistorischen Bedeutung als vielmehr ihrer schönen Lage wegen sehenswert, so

▲ *Ostjava, Bromo-Krater: Bei tiefstehender Sonne treten die Erosionskerben in den Flanken dieses Aschenkegels besonders deutlich hervor.*

◀ *Wie riesige weiße Schmetterlinge muten aus der Ferne die Segelboote der Fischer an der Nordostküste Javas an.*

beispielsweise der Tempel von Panataran, nach dem Borobudur der größte und eigenartigste Tempel Javas, oder die Ruinenstätte von Trowulan, einst Hauptstadt des Reiches Majapahit.

Der Osten Javas ist auch die führende Wirtschaftsregion der Republik. Ein Staudamm am Brantas versorgt die Gegend um Malang und Kediri mit Elektrizität und Wasser zur Bewässerung der Felder. Das eigentliche wirtschaftliche Zentrum liegt an der Nordküste gegenüber der kleineren Nachbarinsel Madura. Surabaya hat seine Einwohnerzahl in nur wenigen Jahrzehnten mehr als verdoppelt. Die „Zuckerstadt", wie Surabaya in Anlehnung an die florierende Zuckerindustrie auch genannt wird, ist der Dreh- und Angelpunkt im Schiffsverkehr zwischen den Inseln des Archipels. Das Araberviertel in der Altstadt und die Gräber der ersten moslemischen Kaufleute, die sich in Surabaya niederließen, halten die Erinnerung an die historischen Kontakte der Indonesier mit den Anhängern des Islam wach.

Eine schmale Meeresstraße trennt die zweitgrößte Stadt Indonesiens von der Insel Madura, die vor allem durch ihre Stierrennen bekannt geworden ist, die in der trockeneren Jahreszeit veranstaltet werden. Zu den weiteren Sehenswürdigkeiten Maduras gehören malerische Fischerdörfer und mehrere Fürstenpaläste. Da die Insel stark übervölkert ist und kaum Arbeitsplätze bietet, wandern viele Maduresen nach Java und auf andere Inseln des Archipels aus.

Die Natur hat auf Ostjava bisher weniger als auf der restlichen Insel unter der Überbevölkerung gelitten; in den Wildreservaten Baluran und Blambangan ist eine artenreiche Pflanzen- und Tierwelt erhalten geblieben. Landschaftliche Höhepunkte sind im wahrsten Sinne des Wortes einige Vulkane, z. B. der Semeru (3676 m), der höchste Vulkan Javas und einer der schönsten Asiens, oder der Bromo (2392 m), in dessen riesigem Krater man sich auf einen fremden Planeten versetzt fühlt. Java gehört zu den vulkanreichsten Regionen der Erde.

▲ *Der mit 3142 m höchste und gleichzeitig am meisten verehrte Berg der Insel Bali ist der Gunung Agung, ein Schichtvulkan. Im Jahr 1963 explodierte der Berg zum vorläufig letzten Mal: Die Lavamassen begruben ganze Landstriche unter sich, Zehntausende von Menschen wurden obdachlos.*

Bali

Die westlichste der Kleinen Sundainseln ist in der Vorstellungswelt der Europäer längst zum Inbegriff *der* exotischen Insel geworden – zur „Paradiesinsel", „Insel des Lichts" oder „Insel der Götter und Dämonen". Gewiß haben westliche Künstler vieles romantisch verklärt, aber unter den vielen tausend Inseln Indonesiens ist Bali in der Tat etwas Besonderes. Der Islam hat sich auf ihr niemals durchsetzen können, die meisten Einwohner Balis sind bis heute dem Hinduismus treu geblieben.

Wer als Tourist seinen Urlaub ausschließlich an einem der traumhaft schönen Strände Balis verbringt, ohne einen Abstecher ins Hinterland zu unternehmen, wird von den Eigenarten dieses Eilands und seiner Bewohner nichts bemerken. Dazu muß man sich, am besten zu Fuß, schon auf eine kleine Entdeckungsreise ins Innere der tropischen Insel begeben. Erst so erhält man einen Einblick in das Alltagsleben der Balinesen: Frauen tragen Opfergaben zum Dorftempel, nackte Kinder baden in einem Fluß, ein Bildhauer begutachtet sein Werk, Bauern ernten auf den Feldern Reis ...

Die Kultur der Balinesen ist bis heute bäuerlich geblieben, die Dorfgemeinschaft ist die Grundlage ihrer Existenz. Alle wichtigen Fragen, ob sie nun die Bewässerung der Felder, die Vorbereitung von Festen oder Streitigkeiten zwischen den Einwohnern betreffen, werden bei den allmonatlich stattfindenden Versammlungen der Familienoberhäupter beraten und entschieden. Zu den Gemeinschaftsaufgaben gehören auch die Pflege und Instandsetzung der Tempel (auf Bali gibt es über 20 000 Tempelanlagen!), von denen jedes Dorf in der Regel drei besitzt: den Tempel der Ahnen, den Tempel der toten Seelen und schließlich den Tempel, der der Gemeinschaft der Lebenden geweiht ist. Die Schreine im Innern der Tempel sind nach Art einer Windrose angeordnet; die Himmelsrichtung, die zu den Bergen weist, ist dabei die vornehmste, denn nach dem Glauben der Balinesen sind die Vulkangipfel Göttersitze.

Die Religion der Balinesen (Agama Hindu Bali) ist für Besucher aus dem Westen eine kaum zu durchschauende Mischung aus buddhistischen und hinduistischen Vorstellungen sowie Riten aus dem traditionellen Ahnenkult. Das religiöse Leben wird bestimmt von Opfergaben, die jeder bringen muß, und von den hohen Tempelfesten. Der Zeitpunkt dieser Feste richtet sich nach dem alten balinesischen Kalender, dessen Jahr 210 Tage zählt (wobei eine Woche fünf Tage hat). Von den rund 200 Festen, die man auf Bali feiert, ist das Odalanfest das größte. Es wird in jedem Dorf zur Erinnerung an die Gründung eines Heiligtums begangen; in seinem Verlauf werden religiöse Tänze und Schattenspiele mit Episoden aus den großen hinduistischen Epen Ramajana und Mahabharata aufgeführt. Mit diesen Ritualen sollen die Götter gnädig gestimmt und die Bindungen zu ihnen gefestigt werden.

Die grazilen Tänzerinnen in ihrem Blütenschmuck und den bunt schillernden Gewändern sind ein Bild der Anmut. Die Balinesen schauen aber nicht nur einfach zu: Beim

▲ *Letztes Geleit: die Balinesen überführen ihre Verstorbenen in Totentürmen zum Verbrennungsplatz. Höhe, Ausstattung und Verzierung der pagodenähnlichen Türme richten sich nach der Kaste der Verstorbenen.*

Kecak z. B., dem berühmten Affentanz, wirken manchmal alle Männer des Dorfes mit. Der Tanz stellt einige Episoden aus dem Ramajana-Epos dar, u. a. den wilden Kampf zwischen dem Heer der Affen und den Dämonen, bei dem die Tänzer wie in Ekstase über den Tempelvorplatz wirbeln.

▲ *Pura Besalik, der größte und heiligste Tempel Balis, wurde vor mehr als 1000 Jahren an den Hängen des Gunung Agung errichtet. Wie durch ein Wunder blieb das Heiligtum vom schweren Ausbruch des Vulkans im Jahr 1963 verschont.*

Magische Riten

Die letzte Reise der Toten

Die Tempelfeste werden zwar mit großer Begeisterung gefeiert, das wichtigste religiöse Ereignis aber ist für den gläubigen Balinesen das Zeremoniell der Totenverbrennung, das die Seele des Verstorbenen vom Körper befreien, ihr damit den Weg in die höhere Welt ebnen und sie auf ein neues, besseres Leben durch Reinkarnation vorbereiten soll. Die eigentliche Leichenverbrennung auf dem Scheiterhaufen ist nur eines von mehreren Ritualen des Zeremoniells, das mit großem Prunk gefeiert wird und daher oft die gesamten Ersparnisse einer Familie verschlingt. Die hohen Kosten trüben indes die festliche Stimmung bei der Totenverbrennung nicht, denn für die Balinesen ist sie jedesmal ein Anlaß zu größter Freude.

Viele Familien können sich diesen Aufwand nicht sofort leisten und müssen einige Jahre dafür sparen. Während dieser Zeit wird der Verstorbene auf dem Friedhof begraben. Wenn der Tag der feierlichen Verbrennung naht, werden die sterblichen Überreste ausgegraben und auf den Schultern einiger Dutzend Männer im prächtig geschmückten Totenturm zum Verbrennungsplatz getragen. Dabei drehen die Träger das aus Bambusstangen gefertigte Tragegestell mit dem Turm ständig unter lautem Geschrei, um damit die bösen Geister zu vertreiben.

Auf dem Verbrennungsplatz legt man die sterblichen Überreste in einen Sarg, der bei Angehörigen führender Kasten wie ein Rind oder ein geflügelter Löwe geformt ist. Nachdem Totenturm und Sarg verbrannt sind, sammeln die Dorfbewohner die Asche ein,

tragen sie in einer feierlichen Prozession zum Strand oder an einen Fluß und übergeben sie dort schließlich den Fluten.

Die bedeutendsten Sehenswürdigkeiten der Insel erreicht man entweder auf der Küstenstraße oder auf der Hauptstraße, die durch die hohen Gebirge im Innern Balis führt. Die Küstenstraße berührt die Badeorte Sanur und Kuta nahe der Inselhaupt-

▶ *Da die Totenverbrennung die Seele der Verstorbenen von ihrer sterblichen Hülle befreit und ihr den Weg ins Nirwana öffnet, wird sie von den Balinesen als ein großes Fest gefeiert.*

▲ *Viele balinesische Tänze sind religiöse Rituale, die zu Ehren und zum Vergnügen der Götter zelebriert werden. Sie finden auf den Plätzen vor den Tempeln statt.*

stadt Denpasar, in denen die Hotelpaläste wie Pilze aus dem Boden schießen; man erreicht auf ihr auch die lebhafte Hafenstadt Singaraja an der Nordküste und – allerdings nur bei Ebbe – den auf einer Felsinsel gelegenen Nationaltempel von Tanah Lot.

Das Landesinnere mit seinen eindrucksvollen Vulkankegeln, allen voran der Gunung Agung, wartet mit alten und bedeutenden Baudenkmälern auf, etwa der riesigen, aus Bronze gefertigten Kesseltrommel und den uralten Steinfiguren von Pejeng, dem Heiligtum von Goa Gajah mit der sonderbaren Elefantenhöhle, um die sich zahlreiche überlieferte Sagen ranken, oder den imposanten Königsgräbern von Gunung Kawi, die im 11. Jh. in den Fels gemeißelt wurden. Weiter im Norden liegen in dem von wilden Schluchten zerschnittenen Zentralmassiv der Insel mehrere Seen vulkanischen Ursprungs, darunter der Batursee, an dessen Ufern noch kleine Gruppen der Bali Aga, der Urbevölkerung Balis, leben.

▶ *Nach dem balinesischen Kalender feiert man alle 210 Tage mit Prozessionen und Opfergaben das Odalanfest.*

▶▶ *Dämonische Tanzmaske: Rangda, die Hexe und Gegenspielerin des gutmütigen Fabeltiers Barong*

Sumatra

Von allen Inseln des indonesischen Archipels besitzt Sumatra die strategisch bedeutendste Lage. Zwischen der zweitgrößten Insel der Republik und der gegenüberliegenden Malaiischen Halbinsel liegt die Malakkastraße, eine der am stärksten befahrenen Schiffahrtsstraßen der Welt. In den Hafenstädten an der Meerenge knüpften die Indonesier die ersten Handelsbeziehungen mit indischen und arabischen Kaufleuten, später setzten sich hier die europäischen Kolonialmächte fest. Die Völker im Innern Sumatras wurden von fremden Kulturströmungen nur wenig berührt und führen zum Teil bis heute ein eigenständiges Leben.

Die Insel wird auf ihrer ganzen Länge von einem bis über 3000 m hohen Kettengebirge durchzogen, das an der Westküste steil abbricht, nach Osten hin aber allmählich in ein ausgedehntes Schwemmland übergeht. Über die Gebirgsketten erheben sich einzelne Vulkankegel, die mit dem 3805 m hohen Gunung Kerinci den höchsten Gipfel der Insel Sumatra stellen.

▲ *Die Batak auf Sumatra wohnen in Pfahlbauten. Sie schützen sich so vor Überschwemmungen nach Wolkenbrüchen in der Regenzeit.*

▲ *Mann vom Volk der Batak*

Die Einwohner des ehemaligen Sultanats Aceh im äußersten Norden gelten als besonders strenggläubige Moslems, die den Niederländern im Kampf um die Unabhängigkeit lange Zeit erbitterten Widerstand leisteten. Weiter nach Südosten hin schließt sich das Land der Batak an, eines der altindonesischen Völker, die, obwohl sie sich inzwischen weitgehend zum Christentum bekennen, zäh an ihrer Kultur festhalten. Die Minangkabau im südwestlichen Hochland sind dagegen Jungmalaien und haben sich weit über die Inseln des Archipels ausgebreitet.

Das an Erdöl und Zinn reiche, aber weniger fruchtbare Sumatra ist etwa zehnmal dünner besiedelt als Java. Bereits in der Kolonialzeit wurden daher mehrere hunderttausend Javaner nach Sumatra umgesiedelt; die indonesische Regierung setzt diese Umsiedlungspolitik verstärkt fort. Es ist kein Geheimnis, daß sie mit der Durchmischung der Völker auch Bestrebungen nach der Unabhängigkeit Sumatras entgegenwirken will.

Der Tobasee

Das blaue Herz des Bataklandes

Es ist noch kein Jahrhundert vergangen, seit der Dschungel gleich hinter dem Stadtrand von Medan anfing. Heute aber sind die Regenwälder verschwunden, und Kautschukplantagen ziehen sich an den Hängen der Gebirgsketten im Hinterland hinauf. Die wirtschaftliche Erschließung des Innern von Sumatra hat erst in jüngster Zeit in größerem Umfang begonnen. Medan und die anderen Hafenstädte an der Ostküste Sumatras sind dagegen schon seit Jahrhunderten bedeutende Handelsmetropolen.

Der frühe Wohlstand Medans spiegelt sich in der Vielfalt von Völkern wider, die hier Arbeit und ein sicheres Auskommen fanden: Chinesen, Inder, Javaner, Batak, Minangkabau aus dem Südwesten der Insel . . . Medan ist in der Tat eine kosmopolitische Stadt. Die Provinzhauptstadt Nordsumatras liegt Singapur näher als Jakarta, und die Überfahrt nach Malaysia dauert nur wenige Stunden. Der ehemalige Sultanspalast und die Rayamoschee, eine der größten in Indonesien, lassen ermessen, welchen Reichtum der internationale Handel Medan gebracht hat. Für Touristen ist die geschäftige Hafenstadt an der Malakkastraße allerdings meist nur eine Zwischenstation auf dem Weg ins Land der Batak, die interessanteste Gegend Sumatras. Das Herz des Landes schlägt am Tobasee, den man von Medan aus nach ungefähr dreistündiger Autofahrt durch endlose Kautschukplantagen erreicht.

▲ *Sumatra: Der landschaftlich reizvolle Tobasee füllt eine riesige Caldera, die wahrscheinlich zu Beginn der jüngsten Eiszeit entstanden ist.*

Dieser riesige Kratersee, dessen Fläche zu mehr als einem Drittel von der Insel Samosir eingenommen wird, füllt eine Caldera, ein Einsturzbecken vulkanischen Ursprungs. Die Toba-Batak leben in der Ebene um den See und in den benachbarten Gebirgen. Glücklicherweise beschränkt sich die Schaulust der Fremden bisher vor allem auf den Ort Prapat und seine engere Umgebung; die entlegeneren Dörfer der Batak mit ihren Pfahlbauten bieten deshalb noch ein recht unverfälschtes Bild. Die Hausschweine sind ein sichtbarer Beweis dafür, daß der Islam unter den Batak bis heute nur wenige Anhänger gefunden hat.

Früher als Kannibalen gefürchtet, haben die Toba-Batak heute einen ausgezeichneten Ruf als Handwerker und Künstler. Die melancholischen Lieder, mit denen die Batak ihr Heimatland besingen, sind in der ganzen Inselrepublik bekannt.

Die Minangkabau

Macht in zarten Händen

Im Land der Minangkabau eignen sich im allgemeinen nur die Sohlen der schmalen Täler für den Anbau. Fruchtbarer Boden ist äußerst knapp, und die Minangkabau, nach den Batak das zweitgrößte Volk Sumatras, wandern daher seit Jahrhunderten auf andere Inseln des Archipels und auf die Malaiische Halbinsel aus. Die Auswanderung ist

▶ *Die Zerstörung der tropischen Wälder ist auch in Sumatra ein ernstes Problem. Jahr für Jahr werden neue Reisfelder angelegt und die Wälder durch den Raubbau an Edelhölzern vernichtet.*

▶ ▶ *Eine Batakfrau in Feiertagstracht vor ihrem Haus. Es ist wie alle Häuser dieses Volksstammes mit bemalten Schnitzereien versehen.*

▲ *Die im Tobasee gelegene Insel Samosir gilt als das Zentrum der Batakkultur. Im Dorf Ambarita befinden sich noch Gruppen steinerner Stühle und Tische, die den Königen einst als Gerichtsstätten dienten.*

aber auch auf die strenge mutterrechtliche Gesellschaftsordnung der Minangkabau zurückzuführen, die kein persönliches Eigentum, sondern nur Familienbesitz kennt, der nicht aufgeteilt werden darf. Inzwischen leben weit mehr Minangkabau in der Fremde als in ihrer Heimat in den Hochländern Südwestsumatras.

Die Gebirge an der Südwestküste der Insel mit ihren dichten, immergrünen Wäldern und malerischen Kraterseen gehören zu den schönsten Landschaften Indonesiens. In dieser Gegend liegen die Dörfer der Minangkabau verstreut. Man erkennt sie an den Pfahlhäusern mit schön geschwungenen Satteldächern, die in hornförmige Spitzen auslaufen. Ihre Vorderseiten sind reich mit farbigen Schnitzereien verziert.

Padang, die an der Küste gelegene Hauptstadt der Provinz Westsumatra, besitzt eigentlich nur eine Sehenswürdigkeit: das vermeintliche Grab einer Romanheldin namens Sitti Nurbaya, das sich in der Nähe des alten chinesischen Friedhofs befindet. Von Padang führt eine Straße durch den Engpaß Lembah Anai ins Hinterland. Nachdem man den tief eingekerbten Paß mit tosenden Wasserfällen durchquert hat, öffnet sich der Blick auf eine herrliche Landschaft, die von schroffen Berggipfeln und den rostroten, vielfach gestuften Dächern der Moscheen beherrscht wird.

Die Straße vom religiösen Zentrum Padang Panjang zum Singkaraksee führt an ungezählten Felsinschriften vorbei, die von Kriegen, Verhandlungen und Verträgen zwischen den kleinen Fürstentümern im Hochland berichten. Die Dörfer beiderseits der Straße beherbergen schöne Bauernhäuser der Minangkabau. Die Fahrt endet südöstlich vom Singkaraksee in dem Städtchen Sawah Lunto. Es erlebte seine Blütezeit, als hier eines der wenigen Steinkohlenvorkommen in dieser Gegend Asiens abgebaut wurde. Seither scheint das Rad der Geschichte stillgestanden zu haben. Beim Anblick der chinesischen Läden, des Zechenkasinos und des von Gestrüpp überwucherten niederländischen Friedhofs fühlt man sich in das vorige Jahrhundert versetzt.

Westlich von Padang Panjang liegt der Maninjausee, ein weiterer Kratersee, der von vulkanischen Höhen ringförmig umschlossen wird. Die Straße windet sich von den Randhöhen in engen Serpentinen hinunter zu den kleinen Dörfern am Seeufer. Ihre Bewohner schauen oft verwundert auf die Fremden, die sich in diesen entlegenen Teil Sumatras verirrt haben.

Kalimantan (Borneo)

Die Indonesier nennen ihren Teil Borneos, nach Grönland und Neuguinea die drittgrößte Insel der Welt, Kalimantan. Etwa drei Viertel der dünnbesiedelten Insel sind indonesisches Staatsgebiet, das restliche Viertel gehört zu Malaysia und zum Sultanat Brunei, einem der reichsten Länder der Erde, das seinen Wohlstand ergiebigen Erdöl- und Erdgaslagern verdankt. Der Sultan, der den knapp 5800 km^2 großen Staat regiert und in dessen Taschen der Löwenanteil der Einnahmen aus dem Erdölgeschäft fließt, kann darauf verzichten, von seinen 230 000 Untertanen eine Einkommensteuer zu fordern, und ihnen obendrein Darlehen zu äußerst geringen Zinsen geben.

Auch das indonesische Kalimantan besitzt wertvolle Bodenschätze, doch vom sagenhaften Reichtum des Sultanats Brunei können seine Einwohner nur träumen. Reisfelder, Plantagen und nicht zuletzt die Planierraupen der Holzfällerkolonnen schieben sich unaufhaltsam von der Küste in die tropischen Regenwälder Zentralborneos vor. Ohne Rücksicht auf mögliche Folgen für Umwelt und Klima zerstören sie dabei eine Vielfalt von Pflanzen- und Tierarten, die ihresgleichen auf der Erde sucht. Die merkwürdigsten Lebewesen kann man heute noch in diesen letzten Urwäldern bewundern: bizarr geformte Pilze, fleischfressende Pflanzen, ungezählte Insektenarten, Reptilien, die wie die ausgestorbenen Flugsaurier von einem Baum zum anderen fliegen, oder aber Fische, die ihr heimatliches Element verlassen und sich auf den Schlammbänken der Mangrovenwälder aufhalten.

▲ *In den Sumpfwäldern an den Küsten Borneos verbergen sich viele kleine Dörfer, die meist nur auf dem Wasserweg zu erreichen sind.*

▲ *Der stark gefährdete Orang-Utan, zu deutsch „Waldmensch“, kommt heute noch in den Regenwäldern Borneos und Sumatras natürlich vor.*

Nur wenige Landstraßen führen von der Küste nach Zentralborneo, und die Jäger, Sammler und Bauern, die in den Urwäldern im Innern der tropischen Insel ihr Dasein fristen, werden von der Küstenbevölkerung verächtlich „Wilde“ genannt. Trotzdem scheuen sich die chinesischen Händler nicht, mit Booten die Flüsse bis in den tiefsten Urwald hinaufzufahren und den ehemaligen Kopfjägern Produkte des „Fortschritts“ wie Transistorradios und Plastikbecher zu verkaufen. Ethnologen bezeichnen die Völker im Binnenland von Borneo als Dajak – ein Sammelname, hinter dem sich mindestens 200 eigenständige Stämme verbergen. Das Bild, das man sich im Westen Borneos von diesen Menschen macht, ist ohnehin sehr pauschal und meist von den Klischees billiger Abenteuerfilme und gruseliger Geschichten über Kopfjäger geprägt.

Tropische Hölzer, nach Erdöl, Erdgas und Kautschuk die wichtigsten Exportgüter Indonesiens, werden jährlich zu mehreren Millionen Festmetern in den Hafenstädten Kalimantans verschifft. Durch die Abholzung werden Jahr für Jahr ausgedehnte Waldflächen zerstört – letzte Rückzugsgebiete der noch mit Blasrohren jagenden Dajak sowie des vom Aussterben bedrohten, nur auf Sumatra und Borneo vorkommenden Menschenaffen Orang-Utan. Im Wirtschaftsleben der Küstenlandschaften, besonders der Ostküste um Balikpapan, stehen die Erdölgewinnung und -verarbeitung an führender Stelle.

Borneo war lange Zeit ein Tummelplatz von Abenteurern, Piraten, Schmugglern, Glücksjägern und gewissenlosen Kaufleuten. Die Beziehungen zwischen den Sultanaten von Banjarmasin und Pontianak, den chinesischen Siedlern und arabischen Kaufleuten, den europäischen Kolonialmächten und den Piraten, welche die Gewässer um die Insel unsicher machten, waren stets durch Verbrechen, Verrat und gebrochene Verträge getrübt. Später kamen Goldsucher und Naturforscher nach Borneo, während die wirtschaftliche Erschließung Kalimantans erst in den letzten Jahrzehnten vorankam. Das Rad der Geschichte dreht sich jedoch schnell, und in wenigen Jahrzehnten droht das Bild der Insel mit ihren unberührten Urwäldern vollends zur Legende geworden zu sein.

Sulawesi (Celebes)

Die drittgrößte Sundainsel ist von so komplizierter Form, daß die Portugiesen im 16. Jh. glaubten, sie hätten eine ganze Inselgruppe entdeckt. Sulawesi, wie das frühere Celebes heute in der Landessprache heißt, liegt zwar annähernd in der Mitte des Archipels, war aber, von einem schmalen Küstensaum abgesehen, bis vor wenigen Jahrzehnten mit seinen zerklüfteten, schwer zugänglichen Gebirgen weitgehend unerforscht. Es ist größer als Java, beherbergt aber nur rund 10 Mio. Einwohner, die einem Dutzend großer Völker und zahllosen kleineren Stämmen angehören. Im Südwesten, in der Umgebung der Stadt Ujung Pandang, sind die Buginesen und die Makassaren am zahlreichsten vertreten, auf der gleichnamigen Halbinsel im Norden leben die Minahasa, im gebirgigen Innern Sulawesis die Toraja.

Ausländische Besucher von Sulawesi landen gewöhnlich in Ujung Pandang, dem wichtigsten Verkehrsknotenpunkt im östlichen Indonesien, einer Stadt, die mit ihren Hotels,

▲ *Sulawesi: zwei junge Tänzerinnen vom Volk der Toraja. Den in einer vergoldeten Scheide steckenden* Kris *(Dolch) tragen sie nur zur Zierde.*

Restaurants und Nachtklubs an der Küstenpromenade durchaus modern wirkt. Der historische Stadtkern, in dem die Handels- und Wohnhäuser eng aneinander gebaut sind, könnte dagegen zu einer alten holländischen Stadt gehören. Wahrzeichen von Ujung Pandang, dem ehemaligen Makassar, ist das im 17. Jh. von den Niederländern errichtete Fort Rotterdam, das heute Museen und Forschungsinstitute beherbergt.

Im Hafen von Ujung Pandang kann man elegante Bugis bewundern. Man erkennt die Segler, mit denen in früheren Jahrhunderten Piraten durch die Gewässer Inselindiens kreuzten, schon aus der Ferne an ihrer unverwechselbaren Silhouette – dem bauchigen Rumpf, dem weit vorspringenden Bugspriet und dem hochgezogenen Heck, an welchem zwei große Seitenruder zum Steuern der Schiffe befestigt sind. Den Seeleuten bleibt auf den meist bis zum Rand vollbeladenen Schiffen nicht selten nur die kleine Brücke, um dort unter freiem Himmel zu essen und zu schlafen.

▶ *An den Gebirgshängen im Innern Sulawesis wird auf bewässerten Terrassen Naßreis kultiviert. Daneben ist der Anbau von Mais, Kaffee, Muskatnuß und Gewürznelken verbreitet.*

▲ *Die Toraja auf Sulawesi bestatten ihre Toten in Felsengräbern, vor denen Figurengalerien „Wache“ halten. Die Aufstellung der bekleideten Holzfiguren bildet den Abschluß eines umfangreichen Begräbniszeremoniells, das sich über Jahre hinziehen kann.*

Tanah Toraja

Im „Land der Toraja“

Immer mehr Touristen unternehmen nach einem Urlaub auf Bali noch einen Abstecher nach Sulawesi, um Tanah Toraja, das „Land der Toraja“, eines der altindonesischen Völker, kennenzulernen. Die Toraja, wahrscheinlich vor mehreren Jahrtausenden vom Festland her eingewandert, leben in den Gebirgen im Binnenland Sulawesis. Obwohl Moslems und Christen miteinander wetteiferten, die stolzen Toraja zum rechten Glauben zu bekehren, konnten diese ihre heidnischen Stammesbräuche und eine hochentwickelte Volkskultur bewahren.

In den Dörfern zwischen Rantepao und Mamasa gibt es noch viele Meisterwerke der traditionellen Toraja-Architektur. Ihre langgestreckten Häuser stehen auf Pfählen und tragen ein weit ausladendes Dach, das wie ein Schiffsrumpf aussieht. Manche Völkerkundler erklären dieses auffällige Merkmal der Häuser damit, daß die Toraja geschickte Seeleute und Schiffbauer waren, bevor sie von neuen Einwanderern von der Küste ins Innere Sulawesis verdrängt wurden. Die Schmuckmotive an den Hauswänden und Dachbalken geben ebenso wie die Zahl der Stufen der Eingangstreppe Aufschluß über den Rang und das Ansehen der Familie, die in dem Haus wohnt. Im schönsten Haus wohnt der Dorfälteste mit seiner Familie; es ist allerdings Eigentum der Dorfgemeinschaft und wird auch für Versammlungen und Feste benutzt.

Besucher aus den westlichen Ländern interessieren sich jedoch in erster Linie für die Feste der Toraja, vor allem für ihre Totenfeiern, auch wenn sie von dem aufwendigen Rahmenprogramm und dem zeitraubenden Zeremoniell, das sich über Jahre hinziehen kann, meist nur einen kurzen Ausschnitt erleben können. Nach dem Tod wird der Verstorbene zunächst einbalsamiert oder in einem provisorischen Grab beigesetzt, denn die Familie braucht viel Zeit, um die eigentlichen Begräbnisfeiern vorzubereiten. Sie muß in der Regel auch Monate oder Jahre für das große Ereignis sparen, denn die Feiern kosten ein Vermögen.

Der eindrucksvollste, aber auch teuerste Teil des Zeremoniells ist die Opferung der Büffel. Vor den Augen der geladenen Gäste und vieler Schaulustiger wird, je nach Alter und Ansehen des Verstorbenen, eine bestimmte Anzahl von Wasserbüffeln geschlachtet. Anschließend wird das Fleisch der Opfertiere an die Gäste verteilt. Die Gräber, in die man die Toten bettet, sind in Felswände gehauene Kammern, vor denen bekleidete Holzfiguren postiert werden. Diese Figuren können Grabwächter darstellen, meist aber sind es Nachbildungen der Verstorbenen.

▲ *Sulawesi: Der Adel der Toraja wohnt in Gemeinschaftshäusern, die reich mit Schnitzereien und Ornamenten verziert sind.*

Die Molukken

Die Einwohner dieser Inseln sind liebenswürdig und kennen keinen König. Sie essen Menschenfleisch, und Männer wie Frauen gehen nackt. Vor den Schamteilen tragen sie bloß ein zwei Finger breites Stück Bast.“ So berichtet Antonio Pigafetta, Teilnehmer an der ersten Weltumseglung von Magellan (1519–1522), über die Bewohner der Molukken. Die vulkanischen Inseln, die heute im Wirtschaftsleben Indonesiens eine untergeordnete Rolle spielen, standen wegen ihrer Gewürze (u. a. Gewürznelken und Muskatnüsse) jahrhundertelang im Mittelpunkt des internationalen Handelsinteresses. Auf den nördlichen Inseln (Ternate, Tidore, Halmahera) hatten sich damals schon mächtige Sultanate etabliert, denen selbst die Stämme an den Küsten Neuguineas Tribut leisten mußten; die Einwohner der südlichen Molukken wurden dagegen von den ersten portugiesischen Missionaren zum Christentum bekehrt.

Für denjenigen, der das übrige Indonesien kennt, besitzt die Gewürzinsel Ternate, ehemals Hauptquartier der Ostindien-Kompanie, die Atmosphäre einer anderen Welt: der Welt des Stillen Ozeans. Man spricht hier immer noch viel vom Zweiten Weltkrieg und erzählt Geschichten vom Widerstand gegen die Japaner. Abends lauscht man den Erzählungen von versunkenen Schätzen, von ganzen Schiffsladungen Gold, die nach Birma gebracht werden sollten, auf geheimnisvolle Weise dort aber niemals ankamen.

Der ehemalige Sultanspalast liegt auf einem Berg über der Stadt. Mit ein wenig Glück kann man im Palast die Rüstungen, das kostbare Tafelgeschirr und die anderen Geschenke bewundern, mit denen die europäischen Kaufleute die Gunst des Sultans zu gewinnen suchten. Im alten Fort haben indonesische Soldaten Quartier bezogen. Die alten Kanonen sind noch immer auf das Meer gerichtet. In den Amtsstuben langweilen sich die nach Ternate versetzten javanischen Beamten und erwarten sehnsüchtig die Beförderung, die für sie die Rückkehr auf ihre Heimatinsel bedeutet. Chinesische Köche bereiten in den Restaurants Palmendiebe zu – bis zu 30 cm große Krebse, die ein sehr schmackhaftes Fleisch besitzen. Den Namen verdanken sie ihrer Angewohnheit, auf Kokospalmen zu klettern, mit ihren kräftigen Scheren Kokosnüsse abzuschneiden, die herabgefallenen Nüsse am Boden zu öffnen und den nahrhaften Inhalt zu verzehren.

▶ *Bei den Toraja ist es Brauch, die Hörner geopferter Büffel an den Häusern zu befestigen. An der Zahl der Hörner kann man den sozialen Rang der Familie erkennen.*

▲ *Fischerdorf auf der gebirgigen, von einer üppigen Pflanzenwelt bedeckten Insel Obi Latu, die zu den nördlichen Molukken gehört*

Die Kleinen Sundainseln

Im Südosten des Archipels betreten wir den Hinterhof Indonesiens, eine Kette gebirgiger Inseln, an denen die großen kulturellen Strömungen und die Gelder der Entwicklungshilfe vorbeigeflossen sind. Nur Bali, die westlichste der Kleinen Sundainseln, bildet mit seiner berühmten Hindukultur und dem regen Fremdenverkehr eine Ausnahme. Ein Teil der im Osten gelegenen Insel Timor stand bis 1975 unter portugiesischer Verwaltung, bis sich die indonesischen Militärs der ganzen Insel durch einen Handstreich bemächtigten. Die kleine Insel Komodo zwischen Sumbawa und Flores ist höchstens durch eine gewaltige Echse, den nach der Insel benannten Komodowaran, bekannt geworden. Der Komodowaran kommt außer auf Komodo nur noch auf der Insel Rintja und im Westen von Flores vor.

Von Lombok und Sumba einmal abgesehen, sind damit bereits die bedeutendsten der Kleinen Sundainseln genannt. Die Inseln stellen Glieder innerhalb der Kette von Vulkanen dar, die sich rings um den Pazifischen Ozean zieht. Sie wurden wiederholt von Vulkanausbrüchen verwüstet, beispielsweise durch Eruptionen des Gunung Agung auf Bali, des Rindjani auf Lombok (nach Ansicht von Kennern einer der schönsten Klettergipfel in Indonesien) oder des Keli Mutu auf Flores, der mit seinen drei unterschiedlich gefärbten Kraterseen zu den größten Naturwundern der Kleinen Sundainseln gehört.

Flores liegt im Grenzsaum zwischen dem Siedlungsgebiet der Malaien im Westen und dem der Papua im Osten; die einheimischen Völker zeigen daher oft Merkmale beider Rassen. Die Insel, deren Name soviel wie „Insel der Blumen" bedeutet, war einst der führende Lieferant von Sandelholz auf der Welt. Hemmungsloser Raubbau hat Flores inzwischen seiner wertvollen Sandelholzbaumbestände und – als Folge der Bodenerosion an den kahlgeschlagenen Hängen – überdies auch auf weiten Flächen der Bodenkrume beraubt.

Mit originellen Motiven geschmückte Stoffe haben die Insel Sumba bekannt gemacht. Auf Sumba spielt der Totenkult eine herausragende Rolle. Die Gräber werden hier aus grob behauenen Steinen in der Form von Tischen errichtet. Hockende männliche oder weibliche Figuren erinnern an entsprechende Grabfiguren bei den Batak. Sumba hat unter dem Kahlschlag der Sandelholz-Baumbestände und der Bodenerosion vielleicht noch stärker gelitten als Flores. Die ursprünglichen Wälder sind durch den Wanderfeldbau und die Überweidung zu Strauchdickichten verkümmert. Rund 80% der Inseloberfläche werden gegenwärtig von Grasflächen eingenommen. Da das Eiland keine nennenswerten Bodenschätze besitzt, ist es aus wirtschaftlicher Sicht völlig uninteressant.

Komodo wäre der Weltöffentlichkeit gewiß unbekannt geblieben, wären nicht Zoologen zu Anfang dieses Jahrhunderts Gerüchten über mächtige „Landkrokodile" auf der Insel nachgegangen. Sie entdeckten dort bis zu 3 m lange und fast 3 Ztr. schwere Warane, wahre Ebenbilder von Drachen.

▲ *Die unterschiedlich gefärbten Kraterseen des Vulkans Keli Mutu auf Flores gehören zu den größten Naturwundern der Kleinen Sundainseln.*

Die urtümlichen Riesenwarane stehen zwar unter strengem Schutz, sind jedoch gefährdet, weil einerseits Hirsche und Wildschweine, ihre Lieblingsspeise, von den Einheimischen zu stark bejagt werden und andererseits wildernde Hunde die Gelege der Riesenechsen plündern.

Neben Irian Jaya, das als Teil von Neuguinea strenggenommen nicht zu Südostasien, sondern zu Ozeanien gehört, sollten wenigstens noch die 350 indonesischen Inseln erwähnt werden, die mehr als 10 km² Fläche und eine beachtliche Einwohnerzahl aufweisen. Sie alle, von Nias bis Seram, verdienen eigentlich eine größere Beachtung. In den Katalogen der Reiseveranstalter, die übrigens noch immer das Klischee von den „Inseln am Ende der Welt" bemühen, schrumpft Indonesien auf Java, Bali und die Länder der Batak und Toraja zusammen. Dabei lernt man Land und Leute sicherlich am besten abseits der großen Touristenströme und fernab der bekannten Reiseziele kennen.

Diese Wanderung durch Indonesien, gewissermaßen mit Siebenmeilenstiefeln, kann nur ein stark vereinfachtes Bild von der aktuellen Situation der Inselrepublik geben. Sie ist gekennzeichnet durch zahlreiche Probleme, die fast alle leichter zu lösen wären, wenn die Bevölkerung Indonesiens nicht so schnell zunähme und gleichmäßiger über den Archipel verteilt wäre. Die Umsiedlung einiger Millionen Menschen von den übervölkerten Inseln in dünner besiedelte Gebiete, besonders nach Sumatra und Irian Jaya, hat das gravierende Problem der ungleichmäßigen Bevölkerungsverteilung bislang nicht zu lösen vermocht, sondern eher noch zusätzliche Schwierigkeiten geschaffen. Durch die sogenannte Transmigration, wie die Planer die von den Behörden gesteuerte Völkerwanderung bezeichnen, werden nämlich jahrhundertelange Beziehungen zerschnitten, ohne daß die Umsiedler in ihrer neuen Heimat prinzipiell bessere Chancen hätten als in der alten.

◀ *Bandainseln (südliche Molukken): ein Kriegstanz, der an die Kämpfe mit den Europäern um die Gewürzinseln erinnert*

▶ *Die Darstellerinnen balinesischer Mädchentänze werden oft schon im Alter von fünf Jahren ausgewählt. Ihre Kunst üben sie meist nur bis zum 14. Lebensjahr aus.*

▲ *Sonnenuntergang bei Port Moresby, der Hauptstadt und mit 152 900 Einwohnern einzigen größeren Stadt von Papua-Neuguinea*

Papua-Neuguinea und Irian Jaya

Neuguinea, mit einer Gesamtfläche von mehr als 800 000 km² nach Grönland die zweitgrößte Insel der Welt, gliedert sich in den selbständigen Staat Papua-Neuguinea und in die indonesische Provinz Irian Jaya.

Abgesehen von den spärlichen Überresten einer jungsteinzeitlichen Megalithkultur, findet man auf Neuguinea keine nennenswerten steinernen Monumente, welche die Erinnerung an verschwundene Kulturen wachhalten. Die Insel selbst mit ihrer Pflanzen- und Tierwelt und nicht zuletzt mit den Menschen, die auf ihr leben, gleicht hingegen in weiten Teilen einem riesigen Freilichtmuseum, das den Besucher in längst vergangene Zeiten zurückführt.

Der Flug über die Hauptinsel und die ungezählten Eilande vor ihrer Küste gibt einen Eindruck von der einstigen Unermeßlichkeit der Urwälder. Jährlich werden mehr als 1 Mio. ha Tropenwald abgeholzt; 70% des Regenwaldes sind zur Ausbeutung vorgesehen. Der dunkelgrüne Pelz, der einmal die Landschaft verhüllte, zeigt große Löcher.

Nichts deutet in der Wildnis auf die Anwesenheit des Menschen hin. Um seine Spuren zu entdecken, muß man dem Lauf der Ströme, die im Zentralmassiv Neuguineas entspringen, flußaufwärts folgen. Der Flug

▲ *Die Danistämme in Irian Jaya stehen mitunter noch auf der Kulturstufe der Jungsteinzeit. Als „Kleidung" tragen die Männer nur einen Penisköcher.*

entlang dem Sepik etwa führt über tiefe Schluchten und von undurchdringlichen Bergwäldern überzogene Gipfel. Nach einigen Stunden tauchen hinter einer Gebirgskette Dörfer und sorgfältig bestellte Felder auf. Beim Landeanflug im Quellgebiet des Sepik muß der Pilot noch einmal sein ganzes fliegerisches Können aufbieten, dann endlich hat man die Heimat der Telefomin, nach denen das Tal und eine kleine Verwaltungsstation benannt sind, erreicht.

Die Telefomin

Einer von 1000 Stämmen Neuguineas

Das in einer Höhe von etwa 1500 m gelegene Tal befindet sich im Grenzgebiet zwischen Irian Jaya und Papua-Neuguinea; es wird ringsum von Gebirgen umschlossen, deren Gipfel oft von Wolken verhüllt sind. Bei der Wanderung durch die weite, sumpfige Niederung, zwischen den düsteren Berghängen und unter den Wolken, die ihre Formen und Farben ständig verändern und erst am Abend verschwinden, befällt die Besucher ein Gefühl der Beklemmung. Ein bläuliches Licht unterstreicht das dramatische Landschaftsbild noch. Die sonderbare Atmosphäre dieses Landes spürt man jedoch erst dann richtig, wenn man den Ort und die mit hohem Gras bewachsene Niederung hinter sich läßt und ein Stück in den Urwald hineingeht. Mit etwas Glück begegnet man dort inmitten blühender Orchideen und unter den neugierigen Augen eines Baumkänguruhs einem der letzten „Wilden": Lautlos schlüpft ein dunkelhäutiger, kaum 150 cm großer Mann aus dem Blättergewirr, von der Begegnung ebenso überrascht wie die Fremden. Seinem funkelnden, mißtrauischen Blick kann man nicht lange standhalten. Von den Nasenflügeln des Eingeborenen ragen zwei Federn wie Antennen empor. Weiße Wildschweinhauer stehen über dem Mund aus der dunklen Haut heraus. Aus der Nasenspitze scheinen ihm zwei scharfe Krallen zu wachsen. In Wirklichkeit hat sich der schwarze Mann zwei Adlerklauen durch die Nasenflügel gebohrt. Bei der Kleidung ist er nicht so anspruchsvoll wie beim Schmuck; als einziges Kleidungsstück trägt er einen Penisköcher, den er mit einer Lianenschnur um die Lenden gebunden hat.

Die Telefomin gehören einem von etwa 1000 Stämmen an, die, einschließlich chinesischer, weißer und malaiischer Minderheiten, gegenwärtig die Bevölkerung Neuguineas ausmachen. Die Herkunft der Volksgruppen und ihre Rassenzugehörigkeit geben Ethnologen bis zum heutigen Tag große Rätsel auf. Gemeinhin werden als Hauptbestandteile der Bevölkerung dunkelhäutige, kraushaarige Papua, hellhäutigere Melanesier sowie zwergwüchsige Pygmoiden angeführt, doch diese Bezeichnungen sind im Grunde nur Hilfslösungen, „Sammelbezeichnungen" für eine Vielzahl kulturell und rassisch sehr unterschiedlicher Stämme. Schon innerhalb eines Dorfes kann man so beispielsweise beträchtliche Unterschiede in der Hautfarbe seiner Bewohner feststellen – ein Indiz für die ausgeprägte Rassenmischung, die offensichtlich vor langer Zeit stattgefunden hat.

▲ *Herstellung eines Schildes bei den Asmat, die an der Südküste Irian Jayas leben*

Man nimmt an, daß die Besiedlung der Insel in drei großen Einwanderungsschüben erfolgte. Die Datierungen schwanken, doch dürfte als gesichert gelten, daß die ersten Einwanderer – kleinwüchsige, altsteinzeitliche Menschen – Neuguinea besiedelten, als Australien und Südostasien noch durch eine Landbrücke miteinander verbunden waren. Ihnen folgten später, als Neuguinea bereits vom Meer umspült wurde, Völker, die als die Urahnen der heutigen Papua gelten, sowie – in einer dritten Einwanderungswelle – mit den Polynesiern verwandte Stämme.

Trotz des breiten Spektrums an Völkern, Stämmen und Sprachen weisen die Gruppen

▲ *Der weiße Mann hat die Kulturen auf Neuguinea nachhaltig beeinflußt. Im Alltagsleben tragen Eingeborene längst westliche Kleidungsstücke.*

gewisse Gemeinsamkeiten auf. Ganz selbstverständlich schreiben beispielsweise fast alle Stämme ihren Ahnen übernatürliche Kräfte zu. Dank der relativen Abgeschiedenheit, in der die meisten Stämme Neuguineas leben, ist dieser Glaube bei ihnen vielfach heute noch lebendig. Alle Handlungen der Menschen, seien sie nun wichtig oder unwichtig, werden von der ständigen Sorge begleitet, daß sie den Ahnen mißfallen könnten. Allgegenwärtig und allwissend wachen die Vorfahren daher über die Einhaltung alter Traditionen.

Die Frauen sind von den Riten ausgeschlossen oder erfüllen bloß untergeordnete Aufgaben; auf Neuguinea ist die Religion Männersache. Für Frauen sind die Tempel tabu, in denen die Männer versuchen, mit Göttern und Geistern durch magische Kräfte Kontakt aufzunehmen. Ihre religiösen Verhaltensmuster tragen somit dazu bei, die althergebrachte Gesellschaftsordnung aufrechtzuerhalten.

Während sich bei den Einwohnern der benachbarten Inseln, etwa Neubritannien oder Neuirland, die Glaubensvorstellungen unter dem Einfluß des Christentums und der westlichen Zivilisation stark gewandelt haben, werden im Innern Neuguineas die alten Kulte und Riten weiterhin gepflegt. Dazu gehörten bis vor kurzem auch die Kopfjagd und der Kannibalismus, die zwar verboten, bei Stammesfehden im Hochland aber noch durchaus üblich waren.

Der Verzehr von Menschenfleisch hatte mit uralten Fruchtbarkeitsmythen und mit der Vorstellung zu tun, man könne sich mit dem verzehrten Fleisch auch die körperlichen und geistigen Kräfte des Toten aneignen. Das kannibalische Mahl war daher in erster Linie eine religiöse Handlung und Bestandteil eines Zeremoniells. Man kann es als einen der allerersten Versuche der Menschen betrachten, mit dem Jenseits in Verbindung zu treten. Das gemeinsame rituelle Mahl hat sich ja auch im Christentum, wenngleich in symbolischer Form, bis auf den heutigen Tag erhalten. Je nach Stamm waren die Eigenschaften, die sich die Kannibalen im wahrsten Sinn des Wortes einverleiben wollten, verschieden; als Träger dieser Eigenschaften wurden immer ganz bestimmte Körperteile vermutet. Bei manchen Völkern gehörte das Essen von Menschenfleisch zu den Totenfeiern. Diese barbarischen Sitten prägten jahrhundertelang das Bild, das sich die höher entwickelten Zivilisationen von den „Wilden" in den Urwäldern Neuguineas machten, und sie wurden dadurch im Gefühl ihrer geistigen und moralischen Überlegenheit bestärkt.

Die Dani in Irian Jaya

Ein kriegerisches Volk im Baliemhochtal

Jenseits der Staatsgrenze, die Neuguinea in zwei Teile zerschneidet, leben neben anderen Völkern auch die Dani, kleinwüchsige, dunkelhäutige Eingeborene; einziges Kleidungsstück der Männer ist ein Penisköcher. Sie sind fleißige Bauern, die sich hartnäckig gegen das Vordringen fremder Kulturen zur Wehr setzen. Ihr Land, das fruchtbare Hochtal von Baliem, liegt in einer schwer zugänglichen Gegend Irian Jayas. Die Dani verteilen sich auf mehrere Stämme, die untereinander ständig in kriegerische Auseinandersetzungen verwickelt sind. Im Grunde befinden sich die Dani in einem permanenten Kriegszustand, der lediglich von Zeiten der Waffenruhe unterbrochen wird. Die auffällige Entschlossenheit, stets Gefechte austragen zu wollen, fiel bereits den ersten europäischen Augenzeugen auf. Daran änderte sich bis in unser Jahrhundert hinein nichts. Noch heute kann es vorkommen, daß sich Hunderte kleiner, stämmiger Männer, splitternackt, mit Pfeil und Bogen sowie langen Speeren bewaffnet, nach einem vereinbarten Zeichen aufeinanderstürzen. Dann schwirren Pfeile und Speere durch die Luft, die entweder ihr Ziel verfehlen, weil die Männer geschickt ausweichen, oder aber einen Gegner niederstrecken.

Völkerkundler sind der Ansicht, daß es sich bei den kriegerischen Auseinandersetzungen der Dani weniger um echte Gefechte als um sportliche Wettkämpfe handelt, bei denen eben ein paar Teilnehmer auf der Strecke bleiben – ähnliche Sportarten sind ja auch im Abendland nicht unbekannt. Die

▶ *Ein prächtiges Beispiel alter Architektur im Sepiktiefland: das Zeremonialhaus* (Tambaran) *in Kanganaman*

▲ *Im mit Schnitzwerk reichverzierten Zeremonialhaus suchen die Lebenden den Kontakt mit den Geistern und Wesen im Jenseits.*

▲ *An der Vorderseite des Zeremonialhauses in Angoram befinden sich zwei kleine Öffnungen, aus denen menschliche Köpfe blicken. Sie erinnern an die Schädel, die im Mittelalter die Besucher der Beinhäuser in Europa begrüßten.*

Gegner bekämpfen sich also nicht aus irgendwelchen politischen Motiven oder weil sie sich verteidigen müssen, sondern tun dies allein aus sportlichem Ehrgeiz, um neue Strategien zu erproben und natürlich um für echte Kriege im Training zu bleiben.

Einen solchen Krieg führten die Dani, im Alltagsleben übrigens sehr friedliche Menschen, vor einigen Jahren gegen die Indonesier, als ihr Land zum Brennpunkt des Aufstands der Papua gegen die indonesische Besatzungsmacht wurde. Heute öffnen sich die Pforten des Baliemhochtals vorsichtig für einzelne Besucher, welche die Kämpfe aus reiner Abenteuerlust miterleben oder sie wissenschaftlich analysieren wollen.

Den Sepik flußaufwärts

Im bedeutendsten Kunstzentrum Neuguineas

Die Stämme, die im Norden Papua-Neuguineas am Unter- und Mittellauf des 1200 km langen Stroms Sepik leben, sind künstlerisch außerordentlich begabt. Sie kamen schon relativ früh mit fremden Menschen und Kulturen in Berührung. Bereits vor 150 Jahren erschienen die ersten Missionare und predigten die Lehre Christi. Die Bewohner des Sepiktieflandes sind heute friedfertige Menschen, die noch immer ihre Ahnen verehren und ihren Naturreligionen anhängen; nicht selten jedoch steht in ihren Häusern ein Tisch, an dem ein christlicher Geistlicher hin und wieder einen Gottesdienst abhält.

Touristen können sich mittlerweile in komfortabel ausgestatteten Schiffen in das Wohngebiet dieser Stämme transportieren lassen. Sie treffen auf hochgewachsene Menschen, die Betel kauen, der im Binnenland unbekannt ist, vom Fischfang oder Gartenbau leben und in mehr oder weniger geräumigen Pfahlbauten wohnen. Alle Stämme haben in der letzten Zeit dieselbe Entwicklung durchgemacht, obwohl sie früher durchaus unterschiedliche Sitten und Gebräuche hatten. Die Mundugumor etwa, ehemalige Kopfjäger, galten als äußerst aggressiv, während die sanftmütigen Arapesh stets mit ihren Nachbarn in Eintracht zu leben versuchten.

Obwohl der Sepik am Mittellauf eine imposante Breite hat, spielt er als Schiffahrtsstraße keine Rolle. Man begegnet auf ihm

▶ *Unter dem stillen Wasserspiegel des Sepik lauern gefährliche Wirbel und zahllose Krokodile; eine Fahrt mit dem Einbaum ist daher stets ein Wagnis.*

▲ *Auf diesem Schild im Zeremonialhaus von Maprik sind die Geister der Vorfahren dargestellt; oben erkennt man drei Nashornvögel, unten drei zähnefletschende Warane.*

nur ein paar Einbäumen, die von Frauen gesteuert werden. Bei jedem Boot steigt vom Heck der Rauch eines kleinen Holzkohlenfeuers auf, über dem die Frauen während des langen Tages auf dem Strom ihre Mahlzeiten zubereiten. Das trübe Wasser strömt langsam in breiten Flußschlingen zwischen den hohen Ufern dahin. Bei Hochwasser reißen die Fluten von den Ufern häufig große Stücke des Urwalddickichts ab, die dann als schwimmende Inseln stromabwärts treiben. Ab und zu taucht am Ufer über dem grünen Gras- und Schilfstreifen ein Pfahldorf auf; die reiche Brackwasserfauna des Stroms mit Sägefischen, Stachelrochen und zahllosen Krokodilen bleibt dem Reisenden zum größten Teil verborgen.

Die kurzen Aufenthalte in den Dörfern am Ufer sind vor allem für Kunstliebhaber sehr aufschlußreich. Von allen an Kunstwerken reichen Landschaften im Stromgebiet des Sepik ist die am Mittellauf zweifellos die bedeutendste. Die außergewöhnliche Kreativität ihrer Künstler, welche die unterschiedlichsten Materialien verwenden, hängt mit fremden Kunstströmungen zusammen, die über den Tauschhandel den Weg bis in die Urwälder Neuguineas gefunden haben und sich in umgekehrter Richtung bis zu den Inseln des Bismarckarchipels zurückverfolgen lassen.

Der künstlerische Reichtum, auf den man am Sepik trifft, ist aber vor allem das Ergebnis des bei den Kopfjägern weit verbreiteten Männlichkeitswahns; die Männer haben ein beinahe krankhaftes Prestigebedürfnis, das sie entweder als Krieger oder als Künstler stillen. Mit den Kunstwerken lenken sie die günstigen Einflüsse der Ahnen in die richtigen Bahnen und verschaffen sich die Bewunderung der Lebenden. Ständig sind die einheimischen Künstler daher auf der Suche nach neuen Ausdrucksformen.

Das Kunstverständnis der Papua am mittleren Sepik unterscheidet sich grundsätzlich von dem moderner Künstler. Ihre Kunst ist rein kultisch und dient in erster Linie dazu, mit den Wesen im Jenseits in Verbindung zu treten. Die Zeremonialhäuser, am Sepik *Tambaran*-Häuser genannt, beispielsweise das im traditionellen Stil errichtete in Kanganaman oder das neue Kulthaus von Yentshen, sind dafür eindrucksvolle Zeugen. In ihnen herrscht die feierliche Stimmung eines Heiligtums, auch wenn Stoffetzen und billige Industrieprodukte die Atmosphäre manchmal etwas stören.

In den Kultstätten geht von den meisterhaft geschnitzten und bemalten Pfosten, den Zeremonialstühlen und den Doppelhaken, an denen einst die Köpfe der getöteten Gegner aufgehängt wurden, die größte Wirkung aus. Meist sind die Kunstwerke für einen Platz im Halbdunkel geschaffen, und in den düsteren Geisterhäusern glaubt man die geheimnisvolle Macht der Menschenfiguren und Masken zu spüren. Ihre hervorquellenden, runden Augen, die mit weißer Farbe aufgemalt oder mit Muschelschalen eingelegt sind, scheinen jeder Bewegung des Besuchers zu folgen. Im Wechselspiel von Licht und Schatten sieht es so aus, als würden die Figuren ihre mißgestalteten Körper bewegen. Die Künstler dürfen sich bei der Gestaltung der Figuren jede künstlerische Freiheit nehmen. Nur die vornehmsten Eigenschaften der Ahnen wie die Fruchtbarkeit oder Weisheit sind wichtig, und sie werden durch einen Phallus, eine weit herausgestreckte Zunge oder andere grotesk geformte Körperteile symbolisch dargestellt.

▶ *Die von den Abelam aus Rindengeflecht errichteten Zeremonialhäuser ragen wie Kathedralen in den Himmel.*

▶ ▶ *Die kriegerische Vergangenheit der Papuastämme im Hochland von Neuguinea lebt in ihren Kriegstänzen noch einmal auf. Dazu bemalen sie sich die Gesichter und tragen große Brustschilde.*

▲ *Das Klima Neuguineas ist durch ausgiebige, ganzjährige Niederschläge gekennzeichnet, die zahllose Flüsse und Seen speisen (hier der Paniaïsee in Irian Jaya).*

Rindenkathedralen

Die Abelam von Maprik

Das Volk der Abelam lebt im Binnenland Neuguineas, etwa auf halber Strecke zwischen dem Mittellauf des Sepik und der Nordküste der Insel. Ihre malerischen Dörfer sind von Zitronen- und Mandarinenhainen umgeben. Die weißen Blüten des Frangipanistrauchs erfüllen die Luft mit ihrem süßen Duft. Im Zentrum eines jeden Dorfes befindet sich ein großes, majestätisches Bauwerk, das die eng aneinandergedrängten Strohdachhütten weit überragt: das Zeremonialhaus, in dem die Abelam verschiedene Kultgegenstände aufbewahren. Ein kunstvoll bemaltes Geflecht aus Streifen von Palmenrinde bildet seine Fassade. In den Malereien wiederholt sich ein Motiv immer wieder: ein längliches Geistergesicht, das in den Umrissen und in der zarten Melancholie, die von ihm ausgeht, auf sonderbare Weise an ein surrealistisches Christusbild erinnert.

In Anbetracht der verwendeten Materialien wie Holz, Pflanzenfasern, Rinde und Blätter zeugen die oft über 20 m hohen Bauwerke von einer enormen Gemeinschaftsleistung und einer hochentwickelten Baukunst. An dem Kulthaus von Yentshen etwa bauten 19 Männer fünf Jahre lang; während dieser Zeit mußten sie sexuell enthaltsam leben. Was den festen Glauben und die Opferbereitschaft der Erbauer betrifft, so unterscheiden sich die Rindenkathedralen der Abelam also kaum von den sakralen Bauwerken der großen Weltreligionen.

Die Asmat

In den Sümpfen Irian Jayas

In den Sumpflandschaften an der Kasuarinenküste im südlichen Irian Jaya lebt ebenfalls ein Volk mit großer künstlerischer Tradition: die Asmat, in deren Reihen die Kopfjägerei bis vor kurzer Zeit noch an der Tagesordnung war. Sie sind vor allem durch ihre Grabdenkmäler bekannt, große, geschnitzte Holzpfosten, die sie *Bis* nennen.

Das Land der Asmat nimmt ein langgestrecktes, 200 km langes und bis 120 km breites Rechteck zwischen den schnee-

▶ *Die Asmat sind geschickte Holzschnitzer; ihre langen, schmalen Einbäume schmücken sie mit Galionsfiguren.*

bedeckten Ketten des Zentralmassivs und der Arafurasee ein. Wegen der Riffe und der verheerenden Wirbelstürme, die über dem Meer zwischen Neuguinea und Australien oft wüten, gehört die Arafurasee zu den gefährlichsten Meeren der Erde. Das Meer im Süden und die Gebirgsketten im Norden bilden zwei nahezu unüberwindliche Barrieren. Dazwischen erstreckt sich eine Wildnis aus grundlosem Schlamm, verfilzten Pflanzendickichten, vermoderndem Holz, ohne festes Gestein und ohne Weg und Steg, durchzogen von einem Labyrinth von Flüssen, die im Unterlauf teilweise mehrere Kilometer breit sind.

In dieser amphibischen Welt ist der Einbaum das einzig brauchbare Verkehrsmittel – mit ein Grund, weshalb die Asmat seit der Ankunft von James Cook im Jahr 1770 kaum unter der Kolonialherrschaft leiden mußten. Die Indonesier, welche die Niederländer 1963 in der Regierung ablösten, konnten das Land der Asmat bisher noch nicht vollständig unter ihre Kontrolle bringen, so daß die Landkarte hier noch viele weiße Flecken aufweist. Eine deutsche Expedition, die 1974 dem Lauf des Brazza flußaufwärts folgte, stieß dort auf primitive Gruppen der Asmat, die bis zu diesem Zeitpunkt noch keine Menschen gelber oder weißer Hautfarbe gesehen hatten. Sie kannten auch keine Stahläxte, denn noch nicht einmal Tauschhändler waren in diese entlegene Region Neuguineas vorgedrungen.

Die Dörfer der Asmat bestehen aus einer Reihe von Hütten, die auf 2,5 m hohen Pfählen an den Ufern eines Flusses errichtet sind. Weite Mangrovensümpfe, an der Küste dem Auf und Ab der Gezeiten unterworfen, bestimmen das Bild der Landschaft. Wer in ihnen von den schmalen, auf Pfählen erbauten Bohlenstegen abweicht, versinkt nach wenigen Schritten bis zu den Oberschenkeln im Morast. Die strohgelben Dächer der Hütten kontrastieren auffällig mit dem Grün des Dschungels. Rauchwolken steigen aus den Dörfern in den blauen Himmel auf, der sich am Nachmittag mit riesigen Haufenwolken überzieht. In dieser Ecke von Neuguinea regnet es am meisten, nämlich im Jahresdurchschnitt bis zu 6000 mm.

Die Asmat lassen sich gerne von ihren Gefühlen leiten und sind immer darauf bedacht, ihr Ansehen innerhalb der Dorfgemeinschaft zu mehren. Dazu gehört auch, daß sie ihre Gegner durch Verleumdungen aufstacheln und so bewußt einen blutigen Streit vom Zaun brechen. Bei den Kämpfen pflegen sie ihre Gegner aus dem Hinterhalt zu überfallen. Keiner kann sich sicher fühlen, und die allgemeine Nervosität ist so groß, daß der Gast aus der Fremde trotz der Freundlichkeit der Dorfbewohner bald auch von ihr befallen wird.

▲ *Der Schädel eines Vorfahren galt bei den Kopfjägern der Asmat als wirksamster Talisman.*

Als Inbegriff der Männlichkeit gelten bei den Asmat Manneskraft und Macht, wobei Macht durch aggressives Verhalten gewonnen wird. Beide Eigenschaften werden gewissermaßen als lebensnotwendig betrachtet, denn sie garantieren den Fortbestand der Gruppe.

Kopfjägerei und Kannibalismus wurzeln auch hier in dem Glauben, die Verstorbenen nähmen weiter am Leben der Dorfgemeinschaft teil und seien mit übernatürlichen Kräften ausgestattet. In Anlehnung an diese Überzeugung kann man sich auch die geistigen und körperlichen Fähigkeiten eines getöteten Gegners aneignen, indem man über seinen Schädel, den man als Sitz der magischen Kräfte ansieht, verfügt.

Der Kopfjagd liegen zwei Mythen zugrunde: Der erste Mythos besagt, daß für jedes neue Leben ein anderes geopfert werden muß; der zweite lehrt, auf welche Art und Weise der Gegner zu töten ist. Bei den

▲ *Für die berühmten Verbrüderungsfeste in Mount Hagen und Goroka legen die Männer der Hochlandstämme ihren prächtigsten Kopfschmuck aus Federn und Perlmutt an.*

Initiationsriten der Insulaner spielte der Schädel eines gerade getöteten Feindes eine wichtige Rolle. Er sollte die Kräfte des Toten in den Körper des Jünglings überleiten und so dessen Entwicklung beschleunigen. Zugleich nahm der junge Mann aber auch den Namen des Getöteten an. Dieser Brauch veranschaulicht am besten die Doppeldeutigkeit der Kopfjägerei.

Das Zentralmassiv

Im Hochland Neuguineas

Unterhalb von Goroka und Mount Hagen, zwei kleinen Verwaltungszentren mit Flugplätzen, zerschneidet das von Hochlandstämmen besiedelte Tal des Wahgiflusses die zentralen Bergketten. Mit der Entdeckung des Tals im Jahr 1930 öffnete sich erstmals ein Weg auf die vom Klima begünstigten und daher dichtbevölkerten Hochplateaus. Man kann sie auch von Lae über eine Gebirgsstraße erreichen. Das von Westen nach Osten verlaufende Tal ist von einem etwa 1500 m hoch gelegenen Paß gut zu überschauen. Von dort wirkt es wie eine weite Niederung, die im hellen Licht der Sonne in tausend verschiedenen Grüntönen erstrahlt. Die benachbarten majestätischen Berge heben sich in der kristallklaren Gebirgsluft mit ungewöhnlicher Schärfe vom Himmel ab. Anders als in der Treibhausatmosphäre des Tieflands herrschen hier oben angenehme Temperaturen.

In dieser grandiosen Szenerie leben Männer und Frauen, die mit den roten oder gelben Federn des Paradiesvogels und schillerndem Perlmutt geschmückt sind. Hier und dort glänzen die Blätter von Bambusbüscheln im Sonnenlicht, wiegen sich die Kronen der Kasuarinen mit ihren fein verzweigten Ästen im Wind. Wir befinden uns in der Heimat der Wahgi, eines Hochlandstammes, der sich von den Küstenvölkern in mancher Hinsicht deutlich unterscheidet.

Die Wahgi betreiben Acker- und Gartenbau. Bei ihnen lebt jede Familie zurückgezogen inmitten ihrer Felder unter freiem Himmel. Nachts ziehen sich die Wahgi in kleine, fensterlose Hütten zurück; ein Feuer sorgt für Wärme, denn die Nächte im Hochland sind empfindlich kalt. Die Frauen der Wahgi verrichten die Gartenarbeiten, müssen aber vor allem die Schweine versorgen, die im Stammesleben eine entscheidende Rolle spielen. Schweinen kommt eine geradezu politische Bedeutung zu: Je mehr Schweine eine Familie besitzt, um so größer ist nämlich ihr Ansehen innerhalb des Stammes; außerdem gelten die Borstentiere als Mittler zwischen den Lebenden und den Wesen im Jenseits. Die Wahgi haben seit jeher eine Art demokratischer Gesellschaftsordnung, was ihnen den Übergang zum Leben in einem Staat mit parlamentarischer Demokratie gewiß erleichtert hat.

Früher gab es viele Stammesfehden, man brach sie aber gewöhnlich beim ersten Toten oder Verwundeten ab. Die Sieger halfen dann den Verlierern, den normalen Tagesablauf wieder in Gang zu bringen. Unter australischer Verwaltung wurden die Stammesfehden verboten. Heute kommt es vor, daß man für Touristen ein Scheingefecht veran-

▶ *Der Austausch von Schweinen dient bei vielen Hochlandstämmen der Beilegung von Streitigkeiten und der Besiegelung von Verträgen. Bei Festen wird das Borstenvieh nach einem genau festgelegten Ritual geschlachtet und gemeinsam verzehrt; ansonsten spielt Schweinefleisch als Nahrungsmittel nur eine untergeordnete Rolle.*

▲ *Außerordentlich phantasievoll bei der Gestaltung ihrer Festtagsaufmachung, verstehen sich die Männer und Frauen der Hochlandstämme auch effektvoll zu schminken. Selbst Details wird bei der Farbgebung Bedeutung beigemessen, wie die kunstvolle Verzierung des Nasenstabes verdeutlicht.*

staltet. Dabei bietet sich die Gelegenheit, die Kriegskünste der Wahgi ohne großes Blutvergießen kennenzulernen.

▲ *Vor der Ehe führen die jungen Mädchen des Wahgistamms ein sehr freizügiges Leben und haben viele Verehrer.*

Die jungen Männer und Frauen vieler Stämme im Hochland genießen große sexuelle Freiheiten. So ermutigen z. B. Brüder ihre Schwestern, sich möglichst viele Liebhaber zuzulegen, um auf diese Weise ihren eigenen Bekanntenkreis, die Zahl der Geschäftspartner und damit letztlich ihr Prestige zu vergrößern. Nach der Hochzeit fordert die Moral von den Frauen allerdings absolute Treue und verbietet ihnen sogar, Schmuck zu tragen. Die jungen Mädchen haben es daher mit der Hochzeit nicht so eilig, sondern nutzen vielmehr die Freiheiten und versuchen, ihrem Leben als Ehefrau möglichst lange zu entgehen. Männer dürfen so viele Frauen heiraten, wie sie möchten. Viele können sich einen Harem indes nicht leisten, denn die möglichen Schwiegereltern verlangen eine beachtliche Mitgift. Ehefrauen haben in Neuguinea einen großen Marktwert, denn das Ansehen eines Mannes ist größtenteils das Ergebnis ihrer Arbeit. Früher boten die Männer Schweine, Perlmutt und Federn des Paradiesvogels als Mitgift. Heute bezahlen sie mit Geld. Versuche der Regierung, diese Form des Frauenhandels zu unterbinden, hatten bislang nur wenig Erfolg.

Die Trobriandinseln

Perlen des Stillen Ozeans

Vor mehr als einem halben Jahrhundert machte ein polnischer Anthropologe bei den Einwohnern der Trobriandinseln eine Reihe aufsehenerregender Entdeckungen, die dazu angetan waren, die Vorstellungen der Europäer von den paradiesischen Inseln der Südsee zu bestätigen.

Das Meer, das die Neuguinea im Osten vorgelagerten Inseln umspült, ist häufig durch Stürme aufgewühlt. Nachdem der Schoner die Insel Samarai umsegelt hat, nimmt er Kurs nach Norden und fährt an der Küste der Normanbyinsel entlang, die bis an den Strand von Urwäldern bedeckt ist. Im Innern ragen zwei Vulkankegel auf.

Auf seiner Fahrt zu den Trobriandinseln durchquert das Schiff anschließend ein Gewirr von Eilanden, die alle von der glei-

▲ *Die* Mud Men *(Schlamm-Männer) von Asaro, nahe der Stadt Goroka, schmieren ihren Körper mit hellgrauem Lehm ein und verbergen den Kopf unter einer bizarren Maske. Heute nur noch ein Touristenspektakel, sollte diese Maskerade ursprünglich Dämonen abschrecken und Feinde verjagen.*

chen dunkelgrünen Pflanzendecke überzogen sind. Eine Zwischenlandung erfolgt auf der Fergussoninsel, und noch bevor ihre Vulkangipfel unter dem Horizont verschwinden, kommt die niedrige Insel Kitava in Sicht. Auf ihr herrschte zu Beginn dieses Jahrhunderts „King Cam", ein australischer Goldsucher, wie ein König über die Insulaner und einen Harem schöner Frauen. Nach ungefähr zehn Seemeilen ist dann das Ziel erreicht: Kiriwina, eine Südseeinsel wie aus dem Bilderbuch. Schlanke Kokospalmen wiegen sich im Wind, aus tiefgrünem Laub leuchten die korallenroten Blüten des Hibiskus hervor, man hört die Klänge der Ukulelen (kleiner Gitarren) und das helle Lachen von Mädchen und Jungen. Auf den Böden aus Korallenkalk gedeihen die Yamsstauden prächtig, und in der Lagune gibt es Fische im Überfluß.

In einem solchen Paradies sollten die Menschen eigentlich leben können, ohne viel arbeiten zu müssen. Die Insulaner beweisen mit ihrem Fleiß indes das Gegenteil. Auf den Wegen sieht man von früh bis spät Männer und Frauen, schwer beladen mit Yamswurzeln und Fischen. Die Hütten in den Dör-

▲ *Junge Frau von den Trobriandinseln im Festtagsputz; ihren Körper hat sie mit Blütenstaub bepudert.*

fern stehen auf kurzen Pfählen und sind um einen zentralen Platz angeordnet. Zu jeder Hütte gehört ein Speicher für die Yams. Man kann in ihn hineinschauen und so über die Ernte des Nachbarn spotten oder sie bewundern. Überall sind die Menschen emsig bei der Arbeit: Eine Frau schneidert einen neuen Rock aus Bananenblättern, eine andere flicht eine bunte Matte. Männer öffnen mit Hilfe eines ausgeklügelten Geräts Muscheln, andere stellen aus Rohr Armreifen her. Die Kinder leben wegen der Schulpflicht oft fern von ihren Eltern.

Anfang des 20. Jh. entdeckte man, daß auf den Inseln Melanesiens ein Wirtschaftssystem besteht, welches auf Geschenken und Gegengeschenken fußt. Bei diesem System ist es natürlich schwierig, mit der Arbeit eines anderen Profit zu machen. Der Austausch von Geschenken war früher in ganz Neuguinea üblich. Auf den Trobriandinseln ist der Bruder einer verheirateten Frau der rechtmäßige Vormund ihrer Familie. Als Vormund muß der Onkel mütterlicherseits folglich auch die Neffen und Nichten ernähren. Daher tritt er an seinen Schwager einen Großteil seiner Yamsernte und andere Nahrungsmittel ab. Damit die Ernte für die Schar hungriger Münder auch reicht, wird er von den Eltern seiner Frau unterstützt. Den Schwiegereltern steht wiederum eine Gegenleistung zu: Der Onkel muß sie mit Nahrungsmitteln für ihre Arbeit entschädigen oder selbst in entsprechendem Umfang für sie arbeiten. Auf diese Weise schließt sich die Kette eines Verteilungssystems, das auf Leistung und Gegenleistung sowie auf der besonderen Stellung der Frau innerhalb der Gesellschaft beruht. Es bildet den Schlüssel zum Verständnis der gesamten Stammesorganisation. Vor der Unabhängigkeit Papua-Neuguineas versuchten Missionare und Beamte der australischen Regierung, das traditionelle Versorgungssystem auf den Inseln durch eine Wirtschaftsordnung nach westlichem Vorbild zu ersetzen, allerdings nur mit geringem Erfolg, denn die Frauen auf den Trobriandinseln waren offenbar nicht bereit, ihre beneidenswerte Stellung aufzugeben.

Zusätzlich zu der wirtschaftlichen Verantwortung gegenüber den Familienangehörigen bekommt jeder Mann von frühester Jugend an einen Freund zugewiesen, dem er bis zum Ende seines Lebens zur Hilfe verpflichtet ist. Dies bedeutet für ihn eine weitere Auflage, Gaben entgegenzunehmen und zu verteilen.

Beim ständigen Austausch von Geschenken, darunter vielen teuren und überflüssigen, gibt jeder sein Bestes, denn davon hängt sein Ansehen ab. Den Insulanern bleibt einfach nichts anderes übrig, als pausenlos zu arbeiten und Reichtümer zu produzieren, die sie nicht für sich behalten, sondern in den großen Kreislauf von Geschenken zwischen allen beteiligten Partnern einbringen. Eine solche Gesellschaft gleicht auf den ersten Blick einer Konsumgesellschaft, in der die Güter andauernd von einer Hand in die andere wandern. Das Tauschsystem zwischen Freunden und Familien bildet in der Tat ein unentwirrbares Geflecht von Beziehungen, in dem jeder seinen festen Platz findet – anscheinend die ideale Wirtschaftswelt, in der jedes Geschäft das Gesicht der Freundschaft, der Großzügigkeit und Dankbarkeit trägt. In Wirklichkeit fußt es jedoch auf dem Streben aller Menschen nach Macht und Gleichheit. Diese Wirtschaftsordnung steckt jeden gewissermaßen in eine Zwangsjacke; er muß der Moral und dem Recht bedingungslos gehorchen.

Natürlich bestimmte der *Kula*-Ring, wie das System von Geschenken und Gegengeschenken genannt wird, über den Rahmen des Stammes hinaus auch die „internationalen“ Beziehungen. Er bildete ungeachtet der unterschiedlichsten Sprachen, Sitten und Gebräuche ein festes Band zwischen den verschiedenen Völkern der Inselwelt Melanesiens. Wenn die Feldarbeit erledigt war, unternahmen die Männer von den Trobriandinseln oft abenteuerliche Reisen. Mit ihren großen Booten besuchten sie Freunde auf weitentfernten Inseln, um mit ihnen Armbänder und Halsketten auszutauschen. Nach der Überzeugung der Insulaner nahmen die Schmuckstücke bei ihrem ständigen Umlauf die Tugenden des zukünftigen Besitzers an, verbreiteten gleichzeitig aber auch die Tugenden desjenigen, der sie weitergab. Der Kula-Ring war demzufolge weit mehr als eine Form des Tauschhandels, eher eine Art magischer Zirkel, dank dessen die Völker der Inseln freundschaftliche Bande untereinander zu knüpfen in der Lage waren.

Selbstverständlich nutzte man beim Austausch der Schmuckstücke die Gelegenheit für Geschäfte, zeigte, was man selbst an Nahrungsmitteln und anderen Waren zu bieten hatte, und kaufte Güter ein, die es auf der heimatlichen Insel nicht gab. Langeweile kam bei diesen regelmäßigen Vergnügungsreisen gewiß nicht auf; wären die Männer nach getaner Arbeit jedoch zu Hause geblieben, hätten sie womöglich in einer blutigen Fehde Abwechslung gesucht. Der Kula-Ring war also auch ein gutes Mittel, um Konflikte zu vermeiden.

Heute versuchen einige ältere Trobriander anscheinend, diese segensreiche Einrichtung, die den Warenaustausch und den Frieden in diesem Teil der Welt gefördert hatte, wiederzubeleben. Da seit der Unabhängigkeit von Papua-Neuguinea im Jahr 1975 die alten Traditionen wieder stärker gepflegt werden, könnte der Kula-Ring eine neue Blütezeit erleben.

Während des Zweiten Weltkriegs lernten die Menschen auf den Trobriandinseln wie fast überall auf den Inseln des Stillen Ozeans die moderne Zivilisation von ihrer schlimmsten Seite her kennen. Dies gilt leider auch für die Bevölkerung Neuguineas. Für viele Einwohner Irian Jayas und erst recht für die traditionellen Stämme im Binnenland Papua-Neuguineas sind der weiße und der gelbe Mann das Böse in Menschengestalt, denn sie können mit ihren schrecklichen Waffen in wenigen Augenblicken Tausende von Menschen töten. Die ersten europäischen Seefahrer, die mit den Einwohnern in Berührung gekommen waren, hatten Neuguinea in einer Mischung aus Furcht und Verachtung „Insel des Teufels“ genannt; die Erfahrung lehrte die Insulaner, genau diese Gefühle heute den Weißen gegenüber zu hegen.

▶ *Trobriandinseln: Das mit bunten Malereien und Girlanden aus Schnecken geschmückte Haus des Häuptlings ist stets das größte im Dorf.*

▶▶ *Obwohl der Bogen bei den Stämmen Neuguineas als Kriegswaffe weitgehend ausgedient hat, wird er noch immer mit viel Erfolg bei der Jagd verwendet.*

▲ *An der von Korallenriffen gesäumten Ostküste der Malaiischen Halbinsel haben Fischer ihre Hütten errichtet.*

Malaysia

Der junge Bundesstaat an der Südostecke Asiens ging aus mehreren britischen Territorien hervor. Er hat neben den Vereinigten Arabischen Emiraten die einzige Wahlmonarchie der Welt mit einem jeweils für fünf Jahre gewählten König.

DER historische Kern Malaysias, heute Westmalaysia genannt, das gegenwärtig mehr als 80 % der Einwohner beherbergt, liegt auf der Malaiischen Halbinsel, die sich vom asiatischen Festland weit nach Süden erstreckt und die Andamanensee im Westen vom Südchinesischen Meer im Osten trennt. Die langgestreckte Halbinsel, für ungezählte Völker der Weg nach Inselindien, wird im Westen durch die Malakkastraße von Sumatra und im Süden durch die etwa einen Kilometer breite Johorestraße vom Stadt- und Inselstaat Singapur getrennt. Ostmalaysia, der weitaus größere Landesteil, umfaßt die beiden Territorien Sarawak und Sabah auf der Insel Borneo. Wie die Vereinigten Staaten von Amerika, mit denen die südostasiatische Monarchie die rot-weiß gestreifte Landesflagge gemeinsam hat, ist Malaysia ein Schmelztiegel der verschiedensten Völker und Kulturen. Seit 1970 hat die Bevölkerung Malaysias durch eine hohe Geburtenrate und zahlreiche Zuwanderer, vor allem aus Indonesien, um mehr als die Hälfte zugenommen. Im Gegensatz zu vielen Staaten in Asien, die bestrebt sind, das Bevölkerungswachstum einzudämmen, ist das erklärte Ziel der malaysischen Regierung die 5-Kinder-Familie. Dahinter steckt vor allem die Absicht, den malaiischen Anteil der Bevölkerung zu erhöhen.

Malaysia, nach der Verfassung eine parlamentarische Wahlmonarchie, ist ein Bund von 13 Staaten und zwei Bundesterritorien. Neun Staaten werden von Sultanen oder Fürsten regiert, die in ihren Palästen ein Leben im Stil von Operettenfürsten führen. Aus dem Kreis der Sultane wird für fünf Jahre das Staatsoberhaupt gewählt, zum letzten Mal im April 1989, als Azlan Schah, der Sultan des nördlichen Bundesstaates Perak, auf das Amt des Monarchen vereidigt wurde. Aber das Land zwischen Singapur und Thailand ist auch die Heimat chinesischer Kaufleute, die in den Hinterzimmern ihrer Läden oder in ihren in supermodernen Hochhäusern untergebrachten Büros Geschäfte von beträchtlichem Umfang abwickeln. Die unbeschwerte Lebensart der Malaien, die nach dem Motto *makan angin*, „den Wind essen", leben, der Geschäftssinn der Chinesen und die Gewandtheit der Inder ergänzen einander perfekt. Vor allem in wirtschaftlicher Hinsicht sowie im Zusammenleben der Rassen hat sich diese bunte Nationalitätenmischung glänzend bewährt.

Der Völkercocktail Malaysia kann allerdings manchmal auch einen bitteren Beigeschmack haben. Dann erstarrt das Lächeln auf den Gesichtern seiner Bewohner, die Waffen werden hervorgeholt, und der alte Streit zwischen den Malaien, den *Bumiputra*, den „Söhnen der Erde", und ihren chinesischen und indischen Landsleuten bricht wieder mit unerbittlicher Härte aus. Die Furcht vor einer neuen Tragödie wie z. B. den antichinesischen Ausschreitungen im Jahr 1969, die Hunderte von Menschenleben forderten, schwebt auch heute immer noch wie ein Damoklesschwert über dem südostasiatischen Land.

Die Gründer Malaysias waren sich der Gefahren bewußt, welche die ethnischen Gegensätze für den jungen Staat mit sich bringen würden, und gaben ihm deshalb als oberste Devise den Wahlspruch *Bersekutu bertambah mutu* (Einigkeit macht stark) mit auf den Weg. Aber die guten Vorsätze sind oft ebenso empfindlich und vergänglich wie die roten Blüten des Hibiskus, der Nationalblume Malaysias.

Die frühe Geschichte

Malakka und die Konquistadoren

Bevor die Briten gegen Ende des vorigen Jahrhunderts weite Gebiete der Malaiischen Halbinsel abholzten, um Kautschukplantagen anzulegen, war die Halbinsel von dichten Dschungeln bedeckt, in denen sich Tiger, Elefanten, Nashörner und andere wilde Tiere tummelten. Im Lauf der Geschichte hatten sich in dieser Wildnis vor allem an den Mündungen der Flüsse kleine Fürstentümer entwickelt, die jeweils nur einige hundert oder tausend Einwohner zählten. Sie lebten meist friedlich als Bauern und Fischer, betätigten sich bei passender Gelegenheit aber auch als Seeräuber oder zogen in den Krieg.

Nach der herrschenden Lehrmeinung, die allerdings nicht unumstritten ist, wurde Malaysia in vorgeschichtlicher Zeit durch Einwanderer aus dem Norden besiedelt. Seit etwa 3000 v. Chr. wanderten die Proto-Malaien (oder Altindonesier) ein, die heute abgedrängt in Randgebieten leben. Vor ungefähr 2000 Jahren folgten ihnen die Deutero-Malaien (oder Jungindonesier). Sie ließen sich auf der Malaiischen Halbinsel nieder, die nicht nur eine herausragende strategische Bedeutung besitzt, sondern auch reich an Naturschätzen wie Metallen und Gewürzen ist. Um das 8. Jh. n. Chr. gehörte die Halbinsel zum buddhistischen Reich Sriwidjaja, vom 13. bis 15. Jh. zum nicht weniger mächtigen hinduistischen Reich Majapahit. Etwa um diese Zeit begann sich der Islam in Südostasien stärker auszubreiten. Zu seinen ersten Vorposten gehörte das Sultanat von Malakka, das gegen 1400 entstand.

Mehr als ein Jahrhundert lang, bis zur Eroberung und Plünderung der Stadt durch portugiesische Soldaten im Jahr 1511, beherrschte Malakka die nach ihm benannte Meeresstraße und war damit die Handelsmetropole Südostasiens. Die Schätze, die sich in Malakka auftürmten, weckten zwangsläufig den Eroberungswillen und die Habgier der Konquistadoren. Von den phantastischen Reichtümern Malakkas blieb nichts übrig, der Hafen ist versandet, und Singapur hat heute als Hafen- und Handelsstadt Malakka den Rang abgelaufen. Nach der Eroberung des Sultanats, übrigens von vielen fremden Kaufleuten der Stadt freudig begrüßt, errichteten die Portugiesen in Malakka ein Kastell und eine katholische Kirche. Die Sultane gaben sich indes nicht so schnell geschlagen und versuchten mehrmals, den Portugiesen den wichtigen Warenumschlagplatz wieder zu entreißen. Das gelang schließlich den Niederländern, die Malakka 1641 nach einer langen Belagerung eroberten, die Portugiesen vertrieben und deren Stelle einnahmen. Damit war der wirtschaftliche Ruin der Stadt besiegelt, denn die Niederländische Ostindien-Kompanie hatte verständlicherweise kein Interesse daran, dem von ihr auf Java gegründeten Hafen Batavia, dem heutigen Jakarta, selbst Konkurrenz zu machen.

Die Geburt von Singapur

Eine Schöpfung der Briten

In der zweiten Hälfte des 18. Jh. versuchten auch die Briten planmäßig, mit Handelsniederlassungen und Flottenstützpunkten neben den Niederländern in Südostasien Fuß zu fassen. 1786 erwarben sie die Insel Penang für die Britisch-Ostindische Kompanie, und 1819 nahm Sir Thomas Stamford Raffles, Agent dieser Kompanie, die Insel Singapur für die Briten in Besitz. Er säuberte die Küste von Piraten, setzte Steuerfreiheit für die neugegründete Niederlassung durch und machte damit Singapur binnen weniger Jahre zur Handelsmetropole und zum bedeutendsten Flottenstützpunkt. Die „Löwenstadt" wurde auch zum Zentrum der chinesischen Einwanderung, so daß ihre Einwohnerzahl innerhalb von vier Jahren von 150 auf mehr als 10 000 Menschen anwuchs. Zu Ehren des Gründers von Singapur erhielt eine in den Urwäldern Hinterindiens und Indonesiens verbreitete Pflanzengattung den Namen *Rafflesia*. Zu ihr gehören Arten, die kopfgroße Knospen und wagenradgroße Blüten bilden.

▲ *Im Gegensatz zu den meist schmucklosen Moscheen quellen die Hindutempel in Kuala Lumpur förmlich über von bunten Skulpturen.*

Mit der Ankunft der Briten, welche die Malaiische Halbinsel nach und nach unter ihre Kontrolle brachten, war die Zeit der großen Heldentaten und Eroberungen vorbei. Von nun an beherrschten Kaufleute und Beamte das Bild. Zunächst mischten sich die britischen Behörden kaum in die inneren Angelegenheiten der malaiischen Sultanate ein. Sie hatten zwar bereits 1826 Penang, Malakka und Singapur an der strategisch wichtigen Malakkastraße zu den *Straits Settlements*, den „Siedlungen an der Wasserstraße", zusammengefaßt und 1867 zur Kronkolonie erklärt, aber bis in unser Jahrhundert hinein übten die Briten meist nur eine indirekte Kolonialherrschaft aus, indem sie den Sultanen britische Berater zur Seite stellten.

Um die Malaiische Halbinsel mit ihrem Reichtum an tropischen Hölzern und Zinnerzen möglichst ungestört ausbeuten zu können, waren die Kolonialherren und Kauf-

▲ *Die Dajak, die auf Borneo in der malaiischen Provinz Sarawak sowie im indonesischen Teil der Insel leben, waren früher berüchtigte Kopfjäger; heute begnügen sie sich mit der Jagd auf wilde Tiere, wobei ihnen das Blasrohr gute Dienste leistet.*

◀ *Die Kunst des Drachenbaus hat in Malaysia eine lange Tradition. Die Drachen können Spannweiten bis zu 3 m besitzen und mehrere hundert Meter hochsteigen.*

leute auf eine friedliche Koexistenz aller im Land lebenden Bevölkerungsteile bedacht.

Doch vor allem die Geschäftstüchtigkeit der Chinesen, welche den Zinnabbau kontrollierten, sollte im Verlauf des 19. Jh. immer wieder für Spannungen sorgen. Ständig kam es um die Nutzungsrechte zwischen den chinesischen Unternehmern und den malaiischen Sultanen zu blutigen Auseinandersetzungen, die schließlich bürgerkriegsähnliche Ausmaße annahmen. Erst mit dem Abkommen von Pangkor (1874) vermochten die Briten die Anarchie im Land zu beenden und sich ihre Interessensphäre endgültig zu sichern.

An der Wende vom 19. zum 20. Jh. begann mit der Anpflanzung des Kautschukbaums (*Hevea brasiliensis*) der Kautschukboom in Malaysia. Nachdem der Brite Henry Wickham Samen des Urwaldbaums aus dem Amazonastiefland geschmuggelt hatte und etwa 20 Setzlinge nach Malaysia gebracht worden waren, verlor Brasilien sein Kautschukmonopol. Schon bald wurde der Wunderbaum in Hinterindien auf mehreren hunderttausend Hektar angepflanzt. Malaysia wurde zum führenden Kautschukexporteur der Welt. Heute haben vor allem an der Westküste der Malaiischen Halbinsel endlose Plantagen die ursprünglichen Urwälder verdrängt. In den riesigen Pflanzungen, die bis zu 10 000 ha groß sind, trifft man noch auf die alten herrschaftlichen Häuser, in denen die britischen Besitzer während der Kolonialzeit wie Fürsten residierten.

Das unabhängige Malaysia

Die Entstehung des Staatenbundes

Um bei der Vielzahl von Fürstentümern, Rassen und Völkern die Macht sicher im Griff zu haben und zu festigen, wählten die

▲ *Das alte Stadhuys (Rathaus) in Malakka erinnert an die 155jährige Herrschaft der Niederländer. Heute beherbergt es ein historisches Museum.*

Briten die klassische Lösung: *Divide et impera!* (Teile und herrsche!) Die Verwaltung war die Domäne der gebildeten Malaien, die dort einträgliche Posten bekleideten und sich deshalb für die Wirtschaft nicht sonderlich interessierten. Der Handel war wiederum das Revier der chinesischen Unternehmer, während die Inder die Stellen bei Post, Eisenbahn und anderen öffentlichen Diensten unter sich aufteilten. Für den flüchtigen Betrachter schien diese Gesellschaftsordnung auf festem Fundament zu stehen, doch die Risse, die das Staatsgebäude in diesem Jahrhundert zusammenstürzen ließen, waren damals schon angelegt. Ihre Folgen zeigten sich dann auch bald. Von der Wirtschaftskrise der 30er Jahre geschüttelt, mußte die britische Kronkolonie im Jahr 1942 vor den Japanern kapitulieren und ging sang- und klanglos unter.

Nach dem Ende des Zweiten Weltkriegs und dem Scheitern der Malayan Union, dem bisher einzigen ernsthaften Versuch, die verschiedenen Rassen gleichberechtigt in einem Staat zu vereinen, begann 1948 der Aufstand und Guerillakrieg der Kommunisten. Die Briten reagierten mit eiserner Faust und steckten Tausende von Menschen in sogenannte „Neue Dörfer", die viel Ähnlichkeit mit Gefangenenlagern aufwiesen.

Am 31. August 1957 wurde der Union Jack überall auf der Malaiischen Halbinsel eingeholt und dafür die Flagge der Federation of Malaya gehißt. Sarawak und Sabah besaßen noch bis 1963 den Status von Kolonien. Tunku Abdul Rahman, der das Land in die Unabhängigkeit geführt hatte, blieb bis 1970 Ministerpräsident und Kopf einer Koalition aus Vertretern der Malaien, Chinesen und Inder, die in den Anfangsjahren unter dem Namen Alliance Party bekannt war und sich später National Front nannte.

Der 16. September 1963 ist der eigentliche Geburtstag Malaysias, einer Föderation, die Malaya, Singapur und die ehemals britischen Kronkolonien Sarawak und Sabah auf der Insel Borneo in sich vereinigte. Der Name der jungen Föderation entstand durch die Verbindung der Bezeichnungen Malaya und Singapur, wurde auch beibehalten, als Singapur nach kaum zwei Jahren wegen innen- und außenpolitischer Probleme wieder ausgegliedert und am 9. August 1965 in die Unabhängigkeit entlassen wurde. Im Mai 1969 brachen in Malaysia blutige Rassenunruhen aus. Bald kehrte jedoch im Land wieder Ruhe ein, denn der Geldregen, der durch die günstige wirtschaftliche Entwicklung auf den Staatenbund niederging, ließ die Gegensätze zwischen den Rassen wieder verblassen. Seit 1981 ist Mahathir Mohamad von der regierenden National Front Premierminister von Malaysia; im Oktober 1990 wurde er zum zweiten Mal eindrucksvoll in seinem Amt bestätigt.

Gegenwärtig werden mit Hilfe ausländischer Investoren die Naturschätze Malaysias wirtschaftlich genutzt, und viele Millionen Dollar fließen jährlich in die Staatskassen des Landes. Mit der Ausbeutung der Erdöllager und der tropischen Wälder hat der Staat zwei neue ergiebige Einnahmequellen erschlossen. Die tropischen Hölzer bringen zwar auf dem Weltmarkt gute Erlöse, aber der Raubbau an den Wäldern führt, wie Beispiele in Sabah und Pahang zeigen, zur Zerstörung ganzer Landschaften. In den abgeholzten Gebieten sind die Böden stark ausgewaschen und verkrustet. Dort breitet sich das Alang-Alang-Gras aus, dessen harte, scharfkantige Blätter nicht einmal als Viehfutter taugen.

Malakka

Eine Stadt im Dornröschenschlaf

Nachdem man den Eisenbahn- und Straßendamm, der Singapur mit der Malaiischen Halbinsel über eine schmale Meeresstraße hinweg verbindet, überquert und die endlosen Kautschuk- und Ananasplantagen von Johore hinter sich gelassen hat, erreicht man die fruchtbare Küstenebene bei Malakka mit Palmenhainen, Reisfeldern und Obstgärten.

Von der blühenden Handelsstadt Iskanda Shahs ist nichts erhalten geblieben. Das einzige Denkmal moslemischer Baukunst in Malakka ist die Tranquerah-Moschee. Sie wurde im Sumatrastil erbaut, gleicht jedoch mit ihrem vielstöckigen Dach einer chinesischen Pagode. Der Cheng-Hoon-Teng-Tempel gilt als der älteste chinesische Tempel Malaysias, dessen Baugeschichte bis zum Beginn des 15. Jh. zurückreicht; seine Haupthalle stammt aus dem 18. Jh. Da der Tempel

▲ *Die 1965 erbaute Nationalmoschee in Kuala Lumpur ist ein gelungenes Beispiel moderner islamischer Architektur.*

▲ *Vor dem Bau der Nationalmoschee war die Alte Moschee in Kuala Lumpur das bedeutendste Heiligtum der Moslems. Sie wurde Anfang dieses Jahrhunderts errichtet und vereinigt traditionelle arabische und indonesische Stilelemente.*

mit seinen feinen Holzschnitzereien und den schweren Holztoren sorgfältig gepflegt wird, wirkt er fast wie neu. Im Halbdunkel des Tempelinnern, wo Weihrauchstäbe einen betörenden Duft verbreiten, nimmt man die verschwenderische Pracht nur schemenhaft wahr. Gegenüber dem Tempel befindet sich das alte Stadttheater, in dem heute allerdings keine Aufführungen mehr stattfinden.

Der Cheng-Hoon-Teng-Tempel liegt in Chinatown, dem Chinesenviertel Malakkas. Seine schmalen Straßen sind von kleinen Läden und Werkstätten gesäumt. Dazwischen stehen die stattlichen Wohnhäuser wohlhabender chinesischer Familien, die teilweise schon seit Jahrhunderten in Malakka ansässig sind. Viele haben, wie die Mehrzahl der Auslandschinesen im asiatischen Raum, ihre Muttersprache vergessen und längst die Sitten und Gebräuche der Malaien angenommen.

Der Unterlauf des Flusses Malakka, der hier ins Meer mündet, ist versandet und voller Untiefen. Nichts erinnert mehr daran, daß früher auf ihm Karavellen und Galeonen segelten. Auf einem Hügel über dem östlichen Ufer des Flusses erheben sich die Ruinen der St.-Pauls-Kirche und ein Tor des zerstörten portugiesischen Forts A Famosa – steinerne Zeugen der portugiesischen Herrschaft über Malakka. Einige historische Bauten in der Altstadt am Fuß des Hügels erinnern dagegen an die Niederländer. Die wichtigsten sind das Stadhuys (Rathaus), eines der ältesten Bauwerke niederländischer Architektur in Südostasien (17. Jh.), und die Christuskirche (18. Jh.). Beide wurden aus Ziegelsteinen errichtet, welche die unbeladenen Gewürzschiffe als Ballast aus der Heimat mitbrachten. Bevor Industriebetriebe angesiedelt wurden und sich die Touristenströme über Malakka ergossen, führten seine Einwohner ein eher beschauliches Dasein. Man flanierte durch die Straßen der Altstadt, stöberte in den Antiquitätenläden der Jonkers Street, spazierte über den chinesischen Friedhof Bukit China oder vertrieb sich abends die Zeit in den Straßen am Hafen, wo es aus den zahlreichen Garküchen nach chinesischen Suppen oder *Satay* (kleinen, pikanten Fleischspießen) duftete. An Festtagen konnte man miterleben, wie chinesische Buddhisten ihre Zuschauer dadurch fesselten, daß sie ihre Zunge mit Nadeln durchbohrten und über glühende Kohlen liefen.

Negri Sembilan

Eine Gründung der Minangkabau

Der durchdringende Duft, der in der heißen Jahreszeit die Dörfer und Städte Malaysias erfüllt und sowohl Chinesen als auch Malaien in gastronomische Verzückung versetzt, ist der Duft des Durians. Die gelbgrüne Frucht sieht wie ein riesiger Granatapfel aus. Ihre dicke, stachelige Schale umschließt ein cremiges Fruchtfleisch, das penetrant nach faulen Zwiebeln riecht. Für den, der sich an diesen Geruch gewöhnt hat, ist der Durian eine Köstlichkeit, die vor allem in Negri Sembilan, einem kleinen Bundesstaat zwischen Malakka und der Hauptstadt Kuala Lumpur, ausgiebig genossen wird.

▲ *Ganz im Süden Westmalaysias, fast in Sichtweite der Wolkenkratzer von Singapur, leben die Jakun, Nachfahren der Altmalaien. Ursprünglich Jäger und Sammler, betreiben sie heute meist Feldbau.*

Negri Sembilan ist eine Gründung der Minangkabau, die von der benachbarten Insel Sumatra eingewandert waren. Sie brachten ihre eigenen Bräuche mit auf die Malaiische Halbinsel, u. a. die Wahlmonarchie und das Mutterrecht, das – so gut es eben ging – mit dem frauenfeindlichen Recht des Islam in Einklang gebracht werden mußte. Fürstliche Residenz ist das kleine Dorf Sri Menanti. Im alten Palast, so sagt man, spuken Geister. Der Besucher, der das Glück hat, vom Sultan persönlich zu einer Audienz empfangen zu werden, fühlt sich in eine Welt aus Tausendundeiner Nacht versetzt.

Kuala Lumpur

Die Metropole des Königreichs

Trotz der vielen Baustellen und Hochhäuser, die überall wie Pilze aus dem Boden schießen und das Stadtbild verschandeln, hat Kuala Lumpur seinen Charakter einer Kolonial- und Provinzstadt bewahrt. Glücklicherweise ist es den Behörden bisher nicht gelungen, der Hauptstadt Malaysias den Stempel der beiden benachbarten Metropolen Bangkok und Singapur aufzudrücken. An den gepflegten Wohnvierteln in der bewaldeten Hügellandschaft des Kenny Hill, den Parks und dem alten Chinesenviertel scheint die Zeit spurlos vorübergegangen zu sein. Kuala Lumpur besitzt nur wenige bedeutende Baudenkmäler, die zudem wie die Alte Moschee oder das Bahnhofsgebäude im maurischen Stil eher an die Szenerie eines Hollywoodfilms erinnern. Außer der Nationalmoschee und dem Parlamentsgebäude gibt es kaum gelungene Beispiele moderner Baukunst. Durch die Entwicklung verschiedener Stadtteile und Eingemeindungen ist Kuala Lumpur in den letzten Jahren immens auseinandergewuchert. Eine unverfälschte Atmosphäre kann man vor allem im Chinesenviertel antreffen, in dem Tag und Nacht Hochbetrieb herrscht, nicht zuletzt der zahllosen Restaurants und Garküchen wegen, die Kuala Lumpur auch zum Eldorado der Schlemmer gemacht haben.

„Schlammige Flußmündung“ lautet die Übersetzung des Namens der Stadt, und wirklich entstand Kuala Lumpur um die Mitte des vorigen Jahrhunderts am Zusammenfluß der beiden lehmbraunen Flüsse Kelang und Gombak. Durch den Zinnerzabbau hat sich die Umgebung der Stadt seither streckenweise in eine trostlose Mondlandschaft verwandelt.

▲ *Zu den Ureinwohnern Malaysias gehören neben den Jakun auch die Orang Asli, die jedoch nur noch in wenigen abgelegenen Gegenden ein von fremden Einflüssen unberührtes Leben führen.*

Höhenkurorte

Ein Erbe der Briten

Um der schwülen Hitze zu entgehen, die im Frühjahr und Sommer im Tiefland Malaysias herrscht, gründeten bereits die Briten im kühleren Bergland Kur- und Ferienorte.

▲ *In den klimatisch begünstigten Cameron Highlands gibt es vielbesuchte Höhenkurorte. Ausgedehnte Teeplantagen, die wie ein grüner Teppich weite Flächen überziehen, grenzen in dieser Region abrupt an das undurchdringliche Dickicht der Bergurwälder.*

Jüngstes und wohl bekanntestes Ferienzentrum ist Genting Highlands, ein Urlaubs- und Vergnügungsparadies, in dessen Spielcasino heute wohlhabende Chinesen ihr Glück versuchen.

Ein vollkommen anderes Bild bietet die Hügellandschaft von Fraser's Hill, nordöstlich von Kuala Lumpur in 1500 m Höhe gelegen. Häuser im Stil englischer Cottages, Golf- und Tennisplätze schaffen das unverwechselbare Ambiente eines englischen Kurorts, zu dem nur das laute Kreischen der Affen nicht richtig paßt.

Cameron Highlands, noch weiter im Norden gelegen, ist ein ideales Gebiet für Dschungelwanderungen. In dieser beliebtesten Höhenkurzone Malaysias beginnt der Urwald unmittelbar hinter den Teeplantagen und den Gärten. Regelmäßig kann man auf den Märkten in dieser Region Eingeborene antreffen, die ihre Produkte anbieten und für den eigenen Bedarf einkaufen. Als Naturvölker mit eigenen Kulten und Riten haben sie sich bislang allen Bemühungen der Malaien, sie zum Islam zu bekehren, hartnäckig widersetzt.

Auf dem Flug von Kuala Lumpur nach Norden entlang der Westküste der Malaiischen Halbinsel kann man rechter Hand Maxwell Hill, den vierten bedeutenden Höhenkurort Malaysias, inmitten der Urwaldlandschaft erkennen. Auf der linken Seite fällt der Blick nach einer Weile auf die Hügel der Insel Penang, bis dann der Mount Kedah als einzelner Bergrücken über einer Ebene auftaucht. Im Umkreis der weithin sichtbaren, aber schwer zugänglichen Landmarke gibt es noch manche Ruinen hinduistischer Tempel, darunter die von Bukit Batu Pahat.

▲ *Die in Malaysia lebenden Chinesen, eine wirtschaftlich mächtige Minderheit, sind etwas hellhäutiger als die Malaien.*

Penang

Das Meer und die Sonne

Meist erstrahlt Penang im Sonnenschein, manchmal liegt aber auch eine niedrige Wolkenschicht über der Insel, die den Blick auf ihre höchsten Gipfel verwehrt. Das in ein smaragdgrünes Meer eingebettete Eiland ist zweifellos das Juwel der Malakkastraße. Gewiß, es gibt andere schöne Inseln – das wild zerklüftete Langkawi mit seinen weißen Marmorklippen, das kleine Pangkor, eine alte Bastion der Piraten –, aber keine hat eine derart prickelnde, weltoffene Atmosphäre und gleichzeitig solch eine bewegte Geschichte, mit der allein die Malakkas konkurrieren kann.

George Town, die Hauptstadt Penangs, wirkt wie eine chinesische Stadt, bewahrt indes auch eine Fülle von Erinnerungen an die britische Kolonialzeit wie das Fort Cornwallis, die St. George's Church oder die Cathedral of the Assumption. Die Malaien sind hier in der Minderheit. Neben den Chinesen sind moslemische Inder, die *Klings*, sowie Briten und andere Europäer zahlreich vertreten. Hinzu kommen Jahr für Jahr

▶ *Herzstück der Tempelanlage Kek Lok Si auf der Insel Penang ist die siebenstöckige Pagode der „Million Buddhas". Die Anlage gilt als das größte und schönste buddhistische Heiligtum des ganzen Landes.*

▶ ▶ *Blick auf die Ostküste der Malaiischen Halbinsel; erst in jüngster Zeit wurden hier einige Ferienzentren eingerichtet.*

▲ *Die touristisch noch wenig erschlossene Ostküste der Malaiischen Halbinsel ist landschaftlich besonders reizvoll. Wie hier bei Kuala Trengganu kann man vielerorts noch die alten malaiischen Fischerboote mit charakteristisch hochgezogenem Bug und Heck antreffen.*

immer mehr Urlauber aus aller Welt, die sich an den traumhaft schönen Stränden der Insel von der tropischen Sonne bräunen lassen.

In den Bauern- und Fischerdörfern, die auf Pfählen an den Flußufern stehen, leben vorwiegend Malaien. Hier duftet es nach frischem Fisch, nach *Blacan*, einer beißend scharfen Paste aus Garnelen, nach *Ikan bilis*, getrockneten Sprotten oder Sardellen, oder nach Garnelenkrupuk.

Die Küche Malaysias kennt zahllose Varianten, Fische und Meerestiere zuzubereiten, und jede läßt das Herz eines Feinschmeckers höher schlagen. Krabben schätzt man sehr, vor allem in Port Kelang, etwa 30 km westlich von Kuala Lumpur. Die Malaien scheuen keinen Umweg, unternehmen sogar eine längere Reise, um gut zu essen. Die Anziehungskraft eines Restaurants liegt für sie nicht in seiner Ausstattung, sondern allein in der Qualität der Gerichte. Man ißt hastig und viel, trinkt dazu Bier oder Schnaps, sofern man kein Moslem ist. Gleich nach dem Essen steht man auf und hinterläßt auf Tisch und Fußboden die Reste seines Festmahls, die von der Bedienung schnell weggefegt werden, um Platz für die nächsten Gäste zu machen. Viele Malaien ziehen Straßenküchen den vornehmsten Restaurants vor. In ihnen sitzen sie auf wackligen Hockern und lassen sich ein leckeres Austernomelett oder *Wontons* (eine Art chinesische Ravioli) schmecken.

Wer es den Einheimischen nachgetan und ein üppiges Mahl genossen hat, tut gut daran, den steilen Weg zum Tempel Kek Lok Si zu Fuß zu erklimmen; er kann sich aber auch mit der Bergbahn auf den 780 m hohen Penang Hill befördern lassen, von dessen Gipfel man bei schönem Wetter eine herrliche Aussicht hat. Der Schlangentempel auf der Insel ist ebenfalls sehenswert. In ihm wimmelt es von Vipern, die, vom Weihrauchdunst betäubt, träge zwischen den Altären und Säulen umherkriechen. Es empfiehlt sich allerdings nicht, sie anzufassen, denn viele dieser Schlangen besitzen noch ihre Giftzähne.

◀ *Da die Fischerboote an der seichten, schlickigen Küste oft weit draußen ankern müssen, wird der Fang manchmal mit Ochsenkarren an Land transportiert.*

▶ *Fischerhütten bei Kuala Dungun an der Ostküste der Malaiischen Halbinsel*

▲ *Mit nichts konnten heiratslustige Männer der in Ostmalaysia lebenden Dajak ihren Auserkorenen mehr imponieren als mit dem Kopf eines erschlagenen Feindes. Diese Art von Brautwerbung, zu der die Männer ihre Kriegstracht anlegten, wurde erst 1945 verboten.*

Das unverfälschte Malaysia

Ein Abstecher an die Ostküste

Nur wenige ausgebaute Straßen verbinden die Westküste der Malaiischen Halbinsel mit der Ostküste. Dazu gehört seit 1982 der Ost-West-Highway von Kota Bahru nach Penang. Seine Fertigstellung zögerte sich jahrelang hinaus, denn die Bauarbeiten wurden immer wieder durch Attacken kommunistischer Freischärler unterbrochen. Man kann auch mit der Eisenbahn fahren, die von Singapur durch die Halbinsel nach Kota Bahru, der Hauptstadt des Staates Kelantan, führt.

Die Ostküste ist das „echte" Malaysia, der Landesteil, in dem sich kaum chinesische und indische Einwanderer niedergelassen haben. Es gibt hier keine ausgedehnten Plantagen, und die Menschen haben ihre traditionelle Kultur noch nicht ganz aufgegeben und sich nicht dem westlichen Fortschrittsglauben zugewandt. In den Dörfern und Städten an den Hunderte von Kilometern langen, sonnenüberfluteten Stränden des Südchinesischen Meeres gibt man sich traditionsbewußt und pflegt noch die alten Künste. Die Bewohner unterhielten jahrhundertelang enge Beziehungen zu Kambodscha, und auch der Einfluß Thailands ist an der Ostküste vielerorts deutlich zu spüren. Der Küstenstaat Trengganu gilt als die Wiege des Islam auf der Halbinsel.

Batikarbeiten finden auch bei uns immer mehr Liebhaber, selbst wenn die meisten, die man in den Geschäften kauft, nicht in Handarbeit geschaffen, sondern am laufenden Meter in Fabriken gedruckt wurden. Die Herstellung von Batik, in Südostasien zu höchster Blüte entwickelt, folgt einem komplizierten Verfahren, bei dem die Stoffe nacheinander in verschiedene Farbbäder getaucht werden. Das Besondere, das echten Batiken ihre unverwechselbare Struktur und den Duft nach Bienenwachs gibt, besteht darin, daß die Stoffpartien, die beim Färben ausgespart bleiben sollen, mit einer dünnen Wachsschicht bedeckt werden und daher die Farben nicht annehmen. Heutzutage kommen die Stoffe und Farben, die man zur Batik braucht, meist aus Japan. Kenner schätzen die Batiken am höchsten ein, die in Trengganu und Kelantan in Handarbeit geschaffen werden.

Für Hochzeiten und andere Feste lassen sich wohlhabende Malaien Gewänder aus einem schweren Gold- oder Silberbrokatstoff schneidern, der in einem zeitaufwendigen Handwebverfahren hergestellt wird. Leider stirbt auch diese Kunst aus.

In den lauen Tropennächten, wenn der Seewind und das Rascheln der Palmenblätter verstummt sind, erklingt in den Dörfern die Musik der Gamelanorchester mit ihren Trommeln, Gongs, Xylophonen und schrillen Violinen. Das Gamelan bestimmt auch den Rhythmus der Rezitationen, mit denen der *Dalang*, der Puppenspieler im malaiischen Schattenspiel, seine Vorführungen begleitet. Manchmal dauert das Schattenspiel eine ganze Nacht. Die Zuschauer sitzen vor einer Leinwand, hinter der der Dalang im Schein einer Lampe die aus Büffelleder ausgeschnittenen Figuren bewegt und sie auf der Leinwand als Schatten zum Leben erweckt. Er muß dabei mit Dutzenden von Figuren hantieren. Im allgemeinen werden Episoden aus den großen Hinduepen Ramajana und Mahabharata gespielt, bei passender Gelegenheit flicht der Puppenspieler aber auch eine Geschichte aus dem Dorf in die Handlung ein.

Der Islam bestimmt mit seinen strengen Regeln den Alltag der Malaien, und im Zeitalter der Wiedererstarkung dieser Religion werden seine Gesetze immer bedingungsloser ausgelegt, obwohl nur etwa die Hälfte der Einwohner Moslems sind. Jeder Sultan ist sowohl politischer als auch geistlicher Führer seines Staates, nur in den Bundesstaaten Malakka und Penang übt der König die Rolle des religiösen Oberhaupts aus. In einem Land, in dem der Islam Staatsreligion ist, mindestens 8 Mio. Menschen aber Anhänger anderer Religionen sind, muß es zwangsläufig zu Spannungen kommen. Die schwelenden Konflikte werden sich wahrscheinlich noch verschärfen, da orthodoxe Moslems seit Jahren versuchen, Malaysia in einen streng islamischen Staat umzuformen.

▲ *Wer schön sein will, muß oft leiden: Die Frauen der Kajan (Ostmalaysia) hängen sich schwere Metallringe an die Ohrläppchen, die sich im Lauf der Zeit bis zu den Schultern dehnen können.*

▶ *Anders als die Malaien, denen der Islam den Genuß von Schweinefleisch verbietet, halten die Dajak Schweine in den Ställen unter ihren Langhäusern.*

▲ *Sichtbarster Ausdruck der wirtschaftlichen Macht Singapurs ist seine futuristische Skyline, die jeder nordamerikanischen Metropole Ehre machen würde. Im Banken-, Industrie- und Handelszentrum Südostasiens leben heute 2,6 Mio. Einwohner.*

Singapur

1990 jährte sich zum 25. Mal der Jahrestag der Unabhängigkeit des kleinen Inselstaats vor der Südspitze Westmalaysias. Ehemals eine verschlafene Hafenstadt, avancierte Singapur längst zum modernsten Wirtschaftszentrum Südostasiens.

Die Republik Singapur ist ein Beispiel dafür, daß auch ein Land, das über keine nennenswerten Naturschätze verfügt, allein durch den Fleiß, Ideenreichtum und Unternehmungsgeist seiner Einwohner zu beträchtlichem Wohlstand gelangen kann. Die Wirtschaft Singapurs fußt vor allem auf der Industrie, der Schiffahrt und dem Handel, also auf Wirtschaftszweigen, die internationale Ausrichtung und Weltoffenheit voraussetzen. Als Mitte der 80er Jahre die Exporterlöse sanken und sich wirtschaftliche Probleme einzustellen begannen, reagierte man schnell und setzte verstärkt auf den Dienstleistungssektor und High-Tech. Heute ist Singapur ein bedeutendes Finanzzentrum, Drehscheibe des Handels in Südostasien und bevorzugter Unternehmensstandort der Elektrik- und Elektronikindustrie. Ende November 1990 übergab der Stratege der Wachstumsideologie Singapurs, Premierminister Lee Kuan Yew, die Zügel der Staatsführung nach 31 Jahren an seinen Nachfolger Goh Chok Tong.

Englisch ist nicht nur wegen der engen wirtschaftlichen Verflechtung mit den Weltmärkten die Amts- und Verkehrssprache der Inselrepublik. Ein weiterer Grund, weshalb die Regierung die englische Sprache fördert, besteht darin, daß diese auf nationaler Ebene eine wichtige Aufgabe erfüllt. Sie fungiert

◀ *Ein vertrautes Bild in den Straßen der Millionenstadt Singapur: Auf einfachen Bretterbühnen führen Schauspieler in kostbaren Kostümen chinesische Opern auf.*

▲ *Singapur besitzt viele gepflegte Parks und Gärten. Im Bild der Japanische Garten nahe der Stadt Jurong, der als der größte seiner Art außerhalb des Landes der aufgehenden Sonne gilt.*

▲ *Im August und September feiern die Chinesen einen Monat lang das Fest der Hungrigen Geister, bei dem man für die Seelen der Verstorbenen auf den Straßen Speisen bereitstellt.*

nämlich als Klammer zwischen den unterschiedlichen Völkern – Chinesen (76 %), Malaien (15 %), Inder und Pakistani (6,4 %) –, Kulturen und Religionen, welche die südostasiatische Metropole beherbergt.

Singapurs Skyline ist ein sichtbarer Ausdruck der wirtschaftlichen Macht und Bedeutung, die der Stadt am gleichnamigen Fluß heute zukommt. Futuristisch anmutende Wolkenkratzer aus Glas, Beton und Stahl lassen Touristen für einen Augenblick an der Geographie des Ortes, der im 13. Jh. auf den Namen *Singhapura*, „Löwenstadt", getauft wurde, Zweifel hegen. Die wenigen alten Baudenkmäler wirken trotz der Bemühungen von Regierungsseite, historische Bausubstanz und koloniale Stadtviertel zu erhalten, neben der himmelstürmenden Architektur des 20. Jh. etwas verloren. Viele Straßenzüge fielen im Rahmen eines umfangreichen Sanierungsprogramms Bulldozern zum Opfer; andere wurden abgerissen und an neuer Stelle wieder aufgerichtet, um das supermoderne, aber bisweilen etwas stereotype Stadtbild wenigstens durch einige atmosphärische Farbtupfer zu beleben.

Dem bemerkenswerten wirtschaftlichen Aufschwung der Inselrepublik steht eine weitgehende Beschneidung bzw. Reglementierung der bürgerlichen Freiheiten ihrer Bewohner gegenüber. Straßen dürfen beispielsweise nur auf der Höhe markierter Fußgängerwege überquert werden, und selbst das Wegwerfen von Zigarettenresten wird mit empfindlichen Geldbußen geahndet.

► *Chinatown, das alte Chinesenviertel von Singapur, ist Tag und Nacht Anziehungspunkt für Käufer und Schaulustige, die hier die exotischsten Spezialitäten finden.*

► ► *Wohl in keiner anderen Stadt Asiens gibt es so viele Gebetsstätten der verschiedensten Religionen wie in Singapur.*

▲ *Kokospalmen stellen den wichtigsten natürlichen Reichtum der Insel Ko Samui dar; das Eiland ist ein beliebtes Anlaufsziel von Individualtouristen.*

Thailand

Als einziger Staat Südostasiens konnte Thailand während der Kolonialzeit seine Unabhängigkeit behaupten. Der historische Kern des Königreichs liegt in der großen Stromebene des Menam, einer der fruchtbarsten Reiskammern Hinterindiens.

SEINEN heutigen Namen, der soviel wie „Land der Freien" bedeutet, trägt das südostasiatische Königreich erst seit 1939, bis zu diesem Zeitpunkt war es unter dem Namen Siam bekannt. In den Katalogen der Reiseveranstalter wird Thailand als ein Land des Lächelns präsentiert. Hast und Hektik sind bei den Thai verpönt. Der Urlauber sollte sich deshalb in Zurückhaltung üben und versuchen, sich den Gebräuchen und Sitten der Einheimischen so weit wie möglich anzupassen. Bei aller Freundlichkeit bewahren die Thai dem Fremden gegenüber jedoch immer eine gewisse Distanz. Es ist also für den Touristen, der von Thailand nicht nur die sonnigen Strände, die stillen Tempel und die lärmenden Nachtklubs kennenlernen möchte, recht schwierig, mehr über Land und Leute zu erfahren. Natürlich liegt das auch an der Sprachbarriere; Einheimische mit Fremdsprachenkenntnissen trifft man in größerer Zahl lediglich in Bangkok an. Diese gigantische Metropole, die zusammen mit ihren Vororten fast 8 Mio. Einwohner zählt, ist die einzige echte Großstadt eines Staates, in dem über 80 % der Bevölkerung auf dem Land leben. Die Dörfer zwischen den Reisfeldern im Menamtiefland, in den Gebirgen im Norden, auf dem kahlen Khoratplateau im Nordosten und der Malaiischen Halbinsel im Süden sind das eigentliche, das „wahre" Thailand.

In Südostasien bildet das Königreich eine Welt für sich. Jahrzehntelang lag es eingekeilt zwischen Kolonien europäischer Mächte, und sein Volk zeigte gegenüber sei-

▲ *Die Darsteller klassischer Thaitänze tragen kostbare Gewänder und reichverzierte Kronen. Die künstlichen Krallen an den Fingern dieser Tänzerin deuten auf einen Vogeltanz hin.*

nen Nachbarn immer ein ausgeprägtes Gefühl nationaler Überlegenheit. Thailand war stets offen für kulturelle Strömungen, gleich, welcher Herkunft, nahm sie begierig auf, blieb im Grunde aber immer nur sich selbst treu. Doch der westliche Lebensstil der Touristen hinterläßt auch in einem Land, in dem mehrere Millionen Reisbauern seit Jahrhunderten ohne große Veränderungen nach dem buddhistischen Kalender und den Jahreszeiten der Monsunwinde leben, immer stärker seine Spuren.

Thailand ist ein Land voller Kontraste, der Gegensätze zwischen Schein und Wirklichkeit, ländlicher Ruhe und städtischer Hektik, buddhistischer Sanftmut und verborgener Gewalt, zwischen dem unverhohlen zur Schau gestellten Reichtum weniger und der mit asiatischer Geduld ertragenen Armut aller anderen.

Die Sage vom gerechten König

Gründung und Ausbau des Thaireichs

Die Geschichte Thailands ähnelt in mancher Hinsicht einem alten Heldenepos, in dem die Legende der Wirklichkeit vorausgeeilt ist. Die alten Mythen, von einer Herrschergeneration zur nächsten weitergegeben, sind noch sehr lebendig. Das heutige Staatsoberhaupt Rama IX. (Bhumibol Adulayadej), ein Mitglied der Chakkridynastie, besitzt trotz Abschaffung der absoluten Monarchie vor mehr als einem halben Jahrhundert noch immer die gleiche göttliche Autorität wie Rama Khamhäng, der legendäre Reichsgründer, vor 700 Jahren. Wehe demjenigen, der dem König den gehörigen Respekt versagt, selbst wenn er dies etwa durch unpassendes Verhalten im Kino, während die königliche Familie zu den Klängen der Nationalhymne auf der Leinwand erscheint, unabsichtlich kundtäte. Er würde sich der Majestätsbeleidigung schuldig machen und müßte damit rechnen, hinter Gitter zu kommen. Auch Ausländer sollten kritische Töne über das Königshaus tunlichst vermeiden, wenn sie nicht Bekanntschaft mit den stickigen Gefängniszellen von Bangkok machen wollen.

Siam, der alte Name Thailands, ist ein chinesisches Wort, das soviel wie „Befriedeter Westen" bedeutet. Die Thai sind mit den Vietnamesen eng verwandt, und ihre Sprache hat Ähnlichkeit mit dem Chinesischen. Die Geschichte des Landes am Menam reicht indes weit bis vor jene Zeit zurück, als sich die Siamesen dort erstmals niederließen. Doch der historische Ursprung Thailands ist auch heute noch ungewiß. Man nimmt an, daß das Gebiet des heutigen Thailand ehemals dreigeteilt war. Im Zentral- und Ostteil hatten die Khmer, die heutigen Kambodschaner, ihre Macht entfaltet. Der Nordteil des Landes wurde vom Monvolk beherrscht. Südthailand war Teil des mächtigen Sriwidjajareichs.

Die ursprünglich im Südwesten Chinas beheimateten Thaivölker wurden seit Ende des

▲ Chedi *nennen die Thai die glockenförmigen Bauten mit einer aufgesetzten Spitze, in denen Reliquien aufbewahrt werden. Im Bild der Chedi von Phu Khao Thong bei Ayutthaya, der früheren Hauptstadt von Siam.*

12. Jh. von den Mongolen aus dem Reich der Mitte verdrängt. Wie für viele Völker Südostasiens bedeutete dies auch für die Thai den Anfang einer langen Wanderung nach Süden. Der erste überzeugende Beweis für ihre Anwesenheit in der Stromebene des Menam ist die berühmte Stele, die Rama Khamhäng Ende des 13. Jh. in Sukhothai, der ersten Hauptstadt des Königreichs, beschriften ließ. „Rama der Starke" hatte am Tor seines Palasts eine Glocke anbringen lassen, die jeder Untertan, der eine Klage vorbringen wollte, erklingen lassen durfte. Rama Khamhäng hörte dem Kläger aufmerksam zu und sprach dann sein Urteil. Damals herrschten Gerechtigkeit und Wohlstand in Siam. Die Steuern waren niedrig, und das Heer erkämpfte dem Land die Unabhängigkeit gegen die Khmer, die den Höhepunkt ihrer Macht bereits überschritten hatten. Das war das goldene Zeitalter Siams, auf das die Thailänder noch heute mit Stolz verweisen.

Die Könige der Mon unterwarfen sich der Herrschaft der Siamesen, das Reich der Khmer verlor zunehmend an Bedeutung, die Kriege mit Birma hingegen nahmen kein Ende. Im Jahr 1349 machte sich Fürst U Thong (Rama Thiboldi I.) Sukhothai untertan. Ayutthaya, einige Dutzend Kilometer nördlich von Bangkok gelegen, wurde die neue Hauptstadt Siams.

Das Königshaus übernahm das Zeremoniell der Khmer und gab damit seine ursprüngliche Prunklosigkeit auf. Der König wurde zum Gott. Jeder, der ein Mitglied der königlichen Familie auch nur mit den Händen berührte, hatte sein Leben verwirkt. So konnte es geschehen, daß sich eine der vielen Frauen Chulalongkorns (Ramas V.), eines durchaus fortschrittlich gesinnten Herrschers, im Beisein des gesamten Hofstaats ertränkte, ohne daß jemand gewagt hätte, die Ertrinkende zu retten.

Die neue Hauptstadt, „Perle des Ostens" genannt, erlebte ihre Blütezeit unter König Narai (1657–1688). Europäischen Einflüssen gegenüber sehr offen, schloß er 1686 einen Vertrag mit Ludwig XIV.; jener räumte den Franzosen großzügige Konzessionen ein. Aus der Schar europäischer Kaufleute und Diplomaten, welche die Gunst der Thaikönige zu gewinnen versuchten, ragten zwei schillernde Charaktere heraus: der Priester und Diplomat de Choisy, der mit seinen *Mémoires* ein zeitgeschichtliches Dokument von unschätzbarem Wert über das alte Siam hinterließ, sowie der griechische Abenteurer Constantin Phaulkon, der unter Narai Ministerpräsident wurde, seine steile Karriere jedoch unter Narais Nachfolger mit dem Tod bezahlen mußte.

Im Jahr 1767 eroberten die Birmanen Ayutthaya und zerstörten die Stadt. Nur spärliche Zeugnisse der Blütezeit blieben er-

▲ *Im* Bot, *dem Haupttempel einer jeden thailändischen Tempelanlage, befindet sich immer die älteste, bestgearbeitete und größte Buddhastatue; möglich ist eine Darstellung Buddhas in schreitender, sitzender oder ruhender Haltung.*

halten – sämtliche Kunstwerke, Bibliotheken und Archive wurden vernichtet. Damit ging eine der schönsten Städte Asiens der Nachwelt verloren, lediglich Ruinen vermitteln heute einen Eindruck von ihrer ehemaligen Pracht.

General Paya Tak, einem gebürtigen Chinesen, kam das Verdienst zu, nach der Eroberung Ayutthayas das geschlagene Heer zu sammeln und den Birmanen einen großen Teil des eroberten Gebiets wieder abzuringen. Seine Residenz richtete er in Thonburi am rechten Ufer des Chao Phraya ein. Paya Chakkri, einer der Offiziere Paya Taks, erklärte sich im Jahr 1782 als König Rama I. zum neuen Herrscher, begründete damit die bis heute regierende Chakkridynastie und verlegte seinen Hof ans linke Stromufer nach Bangkok.

▲ *Beim* Khon, *einer Art Pantomime, stellen die Schauspieler Episoden aus dem* Ramakien, *der thailändischen Version des indischen Ramajana, dar. Während diejenigen Schauspieler, welche Götter oder Menschen verkörpern, nur geschminkt sind, tragen die Darsteller der Dämonen eine Maske.*

Die Könige von Siam

Thailand unter der Herrschaft der Chakkridynastie

Seit der Machtübernahme durch die Chakkridynastie versuchte sich Thailand mit der Kultur der westlichen Welt auseinanderzusetzen. In der zweiten Hälfte des 19. Jh. bereitete Mongkut (Rama IV.) durch Handelsverträge mit England, später dann auch mit den USA, Frankreich und Preußen den Weg für außenpolitische Reformen vor. Er versuchte, die Großmächte an Thailand zu binden und freundschaftliche Beziehungen mit den Nachbarstaaten Birma, Kambodscha und Vietnam aufzubauen. Das Werk der Modernisierung wurde unter seinem Sohn Chulalongkorn (Rama V.) fortgesetzt, der bis heute als einer der größten Könige der Landesgeschichte verehrt wird.

Die Herrscher Siams wußten dem Druck der europäischen Kolonialmächte zu widerstehen, indem sie durch eine geschickte Diplomatie die beiden Rivalen Frankreich und Großbritannien gegeneinander ausspielten. Sie konnten indes nicht verhindern, daß ihre uneingeschränkte Macht in einigen Punkten beschnitten wurde. So reformierte

▲ *Für die Miao im Goldenen Dreieck an der Grenze zwischen Thailand, Birma und Laos sind der Mohnanbau und die Gewinnung von Opium wichtige Einnahmequellen.*

Siam seinen Verwaltungsapparat nach britischem Vorbild und führte Gesetze ein, die sich am französischen Code civil orientierten. Das Königreich nahm seine gegenwärtigen Grenzen an, die Vizekönige und der Feudaladel unterwarfen sich der Krone; eine Eisenbahnlinie verband die Hauptstadt mit Landesregionen, die bis dahin unzugänglich waren. Siam vergrößerte seine Fläche auf Kosten seiner Nachbarn Laos und Kambodscha beträchtlich. In noch nicht einmal 100 Jahren wuchs seine Bevölkerung von knapp 4 Mio. (davon nur 2 Mio. Thai) auf weit über 50 Mio. an.

Trotz weitreichender Reformen änderte sich an der überkommenen, mit europäischen Maßstäben gemessenen mittelalterlichen Staatsform bis in unser Jahrhundert hinein kaum etwas – ein Zustand, mit dem sich die neue Elite Siams verständlicherweise nicht abfinden wollte. Im Juni 1932 kam eine Koalition aus Beamten, jungen Offizieren und liberal gesinnten Intellektuellen durch einen Staatsstreich an die Macht. Es ging den Putschisten nicht darum, den König völlig zu entmachten, sondern die absolute Monarchie durch eine konstitutionelle zu ersetzen. Die Koalition, unter sich zerstritten, hielt allerdings nur etwa ein Jahr lang die Zügel der Staatsführung in der Hand, dann wurde sie von den Militärs verdrängt, die seither die führende Rolle in Thailand innehaben.

Der heutige Regent, König Bhumibol Adulayadej, bestieg 1946 als Rama IX. den Thron. Es zeichnet ihn aus, daß er selbst die entlegensten Regionen seines Königreichs aufsucht, um sich über Entwicklungen und Fortschritte, aber auch über Mängel zu informieren. Beim Volk genießt Bhumibol große Popularität.

Trotz der Lage Thailands mitten in einem der hartnäckigsten Krisenherde der Welt hat das Königreich die vergangenen Jahrzehnte bemerkenswert gut überstanden, wenigstens im Vergleich mit seinen Nachbarn, die unter wirtschaftlicher Not, Krieg und Schreckensherrschaft zu leiden hatten. Thailand versuchte sich, so gut es eben ging, aus den Konflikten herauszuhalten und ein Hort des Friedens und der Freiheit zu bleiben. Für zahllose Einwohner Vietnams, Laos' und Kambodschas war und ist Thailand bis zum heutigen Tag gewissermaßen eine Rettungsinsel, denn die Flüchtlingsströme über den Mekong und den Golf von Thailand wollen nicht abreißen.

Der Norden

Das Land der Opiumbauern

Das Wahrzeichen Nordthailands ist nicht der berühmte Tempel Wat Phra That Haripunchai, sondern vielmehr eine zarte, rote oder weiße Blume mit weit ausladenden Blütenblättern, die um einen langen Stempel herum angeordnet sind. Im Frühjahr verwandelt sie die Berghänge in einen wahren Blumenteppich, der sich vom Graugrün der Savannen erfrischend abhebt. Die Bergstämme im Norden bauen die einjährige Pflanze allerdings nicht wegen ihrer schönen Blüten an, sie interessieren sich allein für die unreifen Samenkapseln, die sie mit kleinen Messern anritzen, worauf der Milchsaft austritt. Diese Pflanze trägt den bezeichnenden Namen Schlafmohn (*Papaver somniferum*). Ihr Milchsaft, der an der Luft braun und zäh wird, ist Rohopium. Aus ihm stellt man Heroin und andere „harte" Drogen her, die durch dunkle Kanäle in alle Teile der Welt gelangen. Gewissenlose Händler verkaufen sie dort an die Süchtigen zu einem Preis, der

▲ *Die Lisu, ein im Norden ansässiger Bergstamm, leben ebenfalls vom Mohnanbau. Sie gehören zu den tibeto-birmanischen Völkern.*

um ein Vielfaches über dem liegt, den der Opiumbauer für sein Produkt erhält.

Das berühmt-berüchtigte Goldene Dreieck im Grenzgebiet von Birma, Thailand und Laos beginnt kaum eine Autostunde nördlich von Chieng-Mai, dem zentralen Ort Nordthailands. Die hier ansässigen Völker, die Miao, Yao, Lisu und Lahu, bestreiten ihren Lebensunterhalt hauptsächlich durch Mohnanbau, obwohl dieser in Thailand erstmals bereits 1956 verboten worden ist. In den letzten Jahren ist es verstärkt zu Auseinanderset-

▶ *Die überwiegend im birmanisch-thailändischen Grenzgebiet lebenden Karen sind die zahlenmäßig größte Gruppe der thailändischen Bergvölker; sie betreiben zum Teil noch Brandrodungswirtschaft.*

▼ *Bei den Akha, die in den Gebirgen des Nordens von Thailand beheimatet sind, tragen die Frauen kurze Jacken und einen mit Perlen und Silber reich verzierten Kopfschmuck.*

▲ *Ein Dorf der Akha in den Tanen-Tong-Bergen nahe der birmanischen Grenze. Wie die übrigen Bergstämme wurden auch die Akha von den Thaivölkern in schwer zugängliche Gebiete abgedrängt.*

zungen zwischen den Banden der „Opiumkönige“ und den thailändischen Streitkräften gekommen. Die offizielle Politik des Landes tendiert heute dazu, den Bergvölkern alternative Verdienstmöglichkeiten zu schaffen; doch selbst vom Westen unterstützte Entwicklungsprogramme in Milliardenhöhe zeitigten bislang nicht den ersehnten Erfolg.

Die im nordwestlichen Hochland lebenden Bergstämme tragen mit ihrer traditionellen Lebensweise zur kulturellen Vielfalt des Königreichs bei. Ihre Eingliederung in eine immer moderner werdende Gesellschaft hat sich als überaus schwierig erwiesen.

Die Bewohner Nordthailands unterscheiden sich in ihrem Äußeren und Dialekt deutlich von den Thai Siam, ihren Landsleuten, die das zentrale Menamtiefland besiedeln. Bis ins 20. Jh. hinein konnten ihre Fürstentümer gegenüber dem König weitgehend ihre Unabhängigkeit bewahren. Mit Stolz verweisen die Einwohner der Provinz Nan auf die Zeit, als ihre Region noch ein kleines, aber unabhängiges Königreich war. Heute liegt sie der laotischen Hauptstadt Vientiane näher als Bangkok. Erst eine während der Regierungszeit König Chulalongkorns gebaute Eisenbahnlinie hat den Nordosten Thailands fester an das Königreich gebunden.

Zu den Naturschätzen dieser Region gehören die immer weiter schrumpfenden Teakholzbaumbestände. Die Entwaldung großer Gebiete Thailands, eines ehemals führenden Holzexportlandes, schreitet im Vergleich mit anderen Ländern Südostasiens schnell voran. Heute leidet das Land unter Holzmangel und muß vor allem Bauholz importieren. Außerdem nehmen mit der Entwaldung ganzer Landschaften die Hochwassergefahr und die Bodenerosion rapide zu. Die thailändische Regierung erließ deshalb kürzlich ein generelles Rodungsverbot.

In den Dörfern des Tieflands um Chieng-Mai wird noch altes, ursprünglich im ganzen Land verbreitetes Kunsthandwerk gepflegt. Die Handwerker fertigen Sonnenschirme aus buntem Papier, wattierte Westen und Decken für den Winter, darüber hinaus aber auch Lackarbeiten und handgewebte Seiden- und Baumwollstoffe an. Eine esonderheit ist die *Mat-Mie*-Seide, die in iem langwierigen Arbeitsgang eingefärbt d gewebt wird.

In den Marktorten treffen sich die Bauern s der Umgebung, um ihre Einkäufe zu er-

▲ *Wie diese Frau vom Stamm der Akh*
die tibeto-birmanischen Bergvölker me
liche Merkmale der Mongoliden.

▲ *Chieng-Mai, einst Hauptstadt eines unabhängigen Königreichs, ist nach Bangkok die zweitgrößte Stadt Thailands und kulturelles Zentrum des Nordens. Unter ihren etwa 80 Tempelanlagen ist besonders das Kloster Wat Phra Singh Luang mit einer bedeutenden Buddhastatue erwähnenswert.*

ledigen, die Männer in Jacken aus blauem Baumwollstoff, die an modische Jeansjacken erinnern, die Frauen in ihren eleganten Sarongs. Westliche Kleidung ist bisher selten zu sehen. Rund um die Dörfer erstrecken sich Reisfelder, die mit dem Wasser aus den niederschlagsreichen Gebirgen überschwemmt werden. Auf einer der Gebirgsketten befindet sich die Klosteranlage Wat Doi Suthep, eine der meistbesuchten Sehenswürdigkeiten des Landes.

Der Norden ist überhaupt ungewöhnlich reich an buddhistischen Heiligtümern, von der kleinen, meist aus Holz gefertigten Dorfpagode, die neuerdings – als Zugeständnis an den Fortschritt – aber auch schon aus Beton bestehen kann, bis zum *Wat*, der umfangreichen Klosteranlage, die von den schlanken Spitzen der *Chedis*, der thailändischen Variante der Pagoden, überragt wird.

Nan, die Hauptstadt der gleichnamigen Provinz, ist ein großes, verschlafenes Dorf, in dem früher nur die Attacken kommunistischer Rebellen für Aufregung sorgen konnten. Im Schatten hoher Palmen liegt das Kloster Wat Phoumin, auf Grundmauern errichtet, deren Anlage die Form eines Kreu-

▲ *Die schwimmenden Märkte in Bangkok und anderen Städten Thailands sind charakteristisch für ein Land, in dem sich der Verkehr zum großen Teil auf Flüssen und Kanälen abspielt.*

zes aufweist. Die sehr schönen Fresken im Innern wurden von unbekannten Mönchen geschaffen. Chieng-Mai besitzt noch seinen ursprünglichen Stadtkern mit Wassergräben, Wällen und Stadttoren. Die am Westufer des Flusses Ping gelegene Stadt war jahrhundertelang königliche Residenz. Von dieser Blütezeit zeugen mehrere Dutzend großer Tempelanlagen, darunter der um 1300 gegründete Wat Chang Man, der älteste Tempel Chieng-Mais – er enthält zwei berühmte Buddhastatuen –, der im 15. Jh. gegründete Wat Chedi Luang und der als das bedeutendste Kloster der Stadt geltende Wat Phra Singh Luang.

Knapp 30 km südlich von Chieng-Mai erreicht man Lamphun, die alte Hauptstadt des Monreichs, die im 6. Jh. n. Chr. gegründet wurde. Lamphun besitzt eine Reihe bemerkenswerter architektonischer Sehenswürdigkeiten, wie den Wat Phra That Haripunchai, ein Kloster, das Ende des 9. Jh. gegründet wurde; aus dieser Zeit existieren jedoch keine Originalbauten mehr.

Zentralthailand

Die Ebene des königlichen Flusses

Der Weg, den die Thai nahmen, als sie aus Südchina einwanderten, führte geradewegs in das Tiefland beiderseits des Menam Chao Phraya, des königlichen Flusses, der von Ausländern meist nur kurz Menam genannt wird. Dort, zwischen den alten Königsstädten Sukhothai, Kamphaeng Phet und Si Satchanalai, gründete Rama der Starke an der Wende vom 13. zum 14. Jh. das eigentliche Siam. Die drei Städte zehren noch heute von ihrer großen Vergangenheit.

Nach Sukhothai wurde eine der beeindruckendsten Stilepochen der thailändischen Kunst benannt. Sie löste sich damals allmählich vom Einfluß der Khmerkultur und suchte ihren eigenen Weg. In der Verschmelzung der unterschiedlichsten Kulturelemente liegt die historische Leistung Rama Khamhängs, König von Sukhothai (um 1275–1317). Aus ihr bezieht die Kultur Thailands bis heute ihre Vitalität und Überlebenskraft.

Wenn die Sonne über dem Wat Mahathat in Sukhothai untergeht, fallen die letzten goldenen Strahlen auf eine majestätische, von Säulenstümpfen umgebene Buddhafigur. Dahinter spiegelt sich ein kleiner Chedi in einem Wassergraben. Auf einem Hügel beherrscht der Stehende Buddha des Wat Saphan Hin die Szene. Wie in einem Freilichtmuseum liegen Tempel und Ruinen in der grünen Landschaft verstreut. Si Satchanalai liegt abseits der großen Touristenrouten in ländlicher Stille, die nur selten einmal durch Besucher gestört wird. Früher mußte man mit dem Boot den Menam Yom überqueren, heute kann man die massive Brücke bei Chaliang nutzen, um zu dem Eingang der archäologischen Zone zu gelangen. Die Stadt wurde im 18. Jh. zerstört und ist seither verlassen. Dennoch vermitteln die vorzüglich restaurierten und instand gehaltenen Baudenkmäler einen guten Eindruck von der ehemaligen Pracht Si Satchanalais, die als Zwillingsstadt Sukhothais galt. Der Sitzende Buddha, der auf einem Hügel, dem „Berg des Heiligen Feuers", thront, scheint die Ruinenstätte beschützen zu wollen. Nördlich davon standen die Brennöfen, in denen die von Kennern sehr geschätzten Sawankhalok-Keramiken gebrannt wurden.

Kamphaeng Phet (Diamantenmauern) ist die südwestlichste der drei alten Königsstädte im Norden Thailands. Ihre Tempelruinen, die vorwiegend aus dem 13. und 14. Jh. stammen, verschwinden teilweise unter einem Gewirr von Pflanzen, die mit ihren Wurzeln in Risse des Mauerwerks eindringen und so die Zerstörung der Ruinen weiter fortsetzen.

Das zentrale Tiefland steht während der Regenzeit weithin unter Wasser, ein von der Natur geschenktes Reisland. „Im Wasser

▶ *Im Wat Mahathat (Königstempel) der verlassenen Stadt Sukhothai spiegelt sich eine einsame Buddhastatue im stillen Wasser eines Teichs, dem Überbleibsel eines ehemaligen Wassergrabens, der früher das gesamte Heiligtum umgab.*

▶ ▶ *Lamphun: Der berühmte Wat Phra That Haripunchai, eine ausgedehnte Klosteranlage mit einem 51 m hohen, vergoldeten Chedi, wurde Ende des 9. Jh. gegründet. Im Kloster leben heute noch viele buddhistische Mönche.*

▶ *Der im 3. Jh. n. Chr. eingeführte Buddhismus hat die traditionellen Kunstformen der Thai nachhaltig beeinflußt. Hier der kolossale Liegende Buddha in Ayutthaya.*

▲ *Damnoen Saduk, 100 km südwestlich von Bangkok gelegen, hat mit seinem Gewirr von* Klongs *(Kanälen) das typische Bild einer alten thailändischen Stadt bewahrt. Hier fühlt man sich an das alte Bangkok, das „Venedig des Ostens", zurückerinnert.*

gibt es Fische, auf den Feldern Reis", sagt bereits die Inschrift auf der Stele, die Rama Khamhäng am Ende des 13. Jh. aufstellen ließ. Das Landschaftsbild der Stromebene des Menam Chao Phraya und seiner wichtigsten Zuflüsse Ping, Wang, Nan und Yom wurde von den fleißigen Händen der Reisbauern gestaltet. Ein dichtes Netz von Kanälen durchzieht die Ebene, die, aus der Vogelperspektive betrachtet, wie ein endloses Schachbrettmuster aussieht. Die Straßen ziehen sich an den *Klongs*, den Kanälen, entlang. Da das Straßennetz noch nicht weit entwickelt ist, spielt sich der Verkehr zwischen den Dörfern, wie übrigens fast das ganze Leben der Menschen in der Stromebene, auf dem Wasser ab. Berühmt sind die schwimmenden Märkte in Thonburi bei Bangkok. Sie gelten als eine Touristenattraktion, wenngleich auch immer weniger Marktfrauen und statt dessen zunehmend mehr Urlauber in den Booten anzutreffen sind. In der Hauptstadt selbst wurden zahlreiche Kanäle zugeschüttet, um Durchgangsstraßen anzulegen. Da die wasserführenden Schichten unter der thailändischen Metropole durch Brunnen zu stark entwässert werden, senkt sich der Boden in Bangkok nun schon seit mehr als 20 Jahren. Dadurch häufen sich wiederum die Überschwemmungen, die alljährlich große Schäden verursachen. Das flache, je nach Jahreszeit braun, grün oder gelb gefärbte Land mit seinen Wasserläufen erinnert an die Marschlandschaften der Nordseeküste, nur der strahlende Sonnenschein paßt nicht ganz zum Bild. Der Boden ist nährstoffreich und liefert bei ausreichender Bewässerung hohe Erträge. An und für sich leidet das zentrale Tiefland des Königreichs nicht unter zuwenig, sondern eher unter zuviel Wasser. Der Flutstrom dringt vom Meer viele Kilometer weit ins Landesinnere und behindert den Abfluß des Menam. Im September und Oktober kommt es dann beinahe regelmäßig zu Überschwemmungen, bei denen viele Straßen Bangkoks metertief unter Wasser stehen und sich so wieder vorübergehend in Klongs zurückverwandeln.

Um eine Landschaft mit Bergen und Tälern zu erleben, muß man die ausgedehnte Stromebene verlassen und beispielsweise in westliche Richtung in das Bergland am Kwai Nai, besser bekannt als River Kwai, fahren.

◀ *Ungefähr zwei Drittel der Einwohner verdienen ihren Lebensunterhalt in der Landwirtschaft, vor allem mit dem Anbau von Reis.*

▶ *Das Bild von Sukhothai, im 13. und 14. Jh. die Hauptstadt des Königreichs, wird von Tempelruinen und Lotusteichen geprägt.*

▲ *Der Große Palast in Bangkok wurde Ende des 18. Jh. auf Anordnung von König Rama I. erbaut. Heute residiert die Königsfamilie im Chitraladapalast.*

Die Pfeiler der durch den Film *Die Brücke am Kwai* bekannten Eisenbahnbrücke kann man nahe der Bergbaustadt Kanchanaburi noch besichtigen.

Bangkok

„Stadt der Engel"

Nachdem die Kanäle der Stadt in den letzten Jahren mehr und mehr zugeschüttet wurden, hat der Beiname Bangkoks, „Venedig des Ostens", eigentlich seine Berechtigung verloren. Und doch haben die südostasiatische Metropole und die Lagunenstadt am Adriatischen Meer seit einiger Zeit wieder etwas gemein: Beide Städte drohen im Meer zu versinken. Venedig ist zwar stärker bedroht, aber wenn die oben erwähnte Bodensenkung nicht zum Stillstand gebracht werden kann, wird Bangkok in absehbarer Zeit nicht mehr wie gegenwärtig 2 m *über*, sondern vielmehr *unter* dem Meeresspiegel liegen.

▶ *Zum alten Palastbezirk Bangkoks gehört auch der prunkvolle Wat Phra Kaeo. Er birgt den berühmten Smaragdbuddha, die Schutzgottheit des Königreichs.*

▲ *Bangkok: Der Prasat Phra Tepidorn, das königliche Pantheon mit den Statuen der verstorbenen Könige, wird von Fabelwesen, halb Mensch, halb Tier, bewacht.*

Die Königsstadt, der man 1782 den Namen Krung Thep (Stadt der Engel) gab, hat sich in den vergangenen Jahrzehnten mit atemberaubender Geschwindigkeit verändert, und dies nicht gerade zu ihrem Vorteil. Dann begann, nicht zuletzt im Zusammenhang mit dem Vietnamkrieg, ein unkontrolliertes Wachstum, als Bangkok für die amerikanischen Soldaten die Rolle eines Erholungs- und Vergnügungszentrums übernahm. Der Dollarsegen ließ Hotels, Restaurants, Massagesalons und zahllose Nachtklubs gleichsam über Nacht aus dem Boden schießen. Mit dem Wachstum seiner Hauptstadt öffnete sich Thailand auch in immer stärkerem Maße politischen, wirtschaftlichen und kulturellen Einflüssen aus den westlichen Industriestaaten und aus Japan. Wahre Urlauberströme ergießen sich Jahr für Jahr in das Land, viele Touristen kommen nicht zuletzt in der Hoffnung auf ein sexuelles Abenteuer. Die Fremdenverkehrsprostitution ist auf dem Weg, Thailand zum „Bordell des Westens" zu machen. Ein Teufelskreislauf, denn der Tourismus ist für Thailand zu einer der wichtigsten Einnahmequellen geworden, als Devisenquelle gegenwärtig für das Königreich sogar noch wichtiger als der Reisexport. Da die Landbevölkerung in den letzten Jahrzehnten verstärkt in die Hauptstadt drängte, zählt Bangkok heute einschließlich der Vororte (Greater Bangkok Area) an die 8 Mio. Einwohner. Die Landflucht hat die Kontraste im Stadtbild weiter verschärft. Hier die Wohnviertel der Mittel- und Oberschicht, dort die Elendsviertel der Armen, hier die seelenlosen Betonklötze der Satellitenstädte, dort die großartige Palastanlage am Stromufer mit dem Tempel des Smaragdbuddha, dem Großen Königspalast und dem Wat Pho (Tempel des Ruhenden Buddha) – Baudenkmälern, die für sich allein genommen eine Reise nach Thailand wert sind.

Der Nordosten

Das Armenhaus Thailands

Im Osten grenzt das durchschnittlich 300 m hohe Khoratplateau, das immerhin fast ein Drittel der gesamten Landesfläche umfaßt, an das Menamtiefland. Diese Region des Königreichs wurde von der Natur mit Schätzen nicht gerade großzügig ausgestattet. Sandige, ausgelaugte Böden, ein Klima, in dem Dürrezeiten mit sintflutartigen Regenfällen wechseln, und die weitflächige Bodenauslaugung machen diese Gegend zum Armenhaus Thailands. Für den Straßenbau war die das Plateau umgebende Gebirgslandschaft eine nahezu unüberwindliche Barriere; Bangkok lag für die Einwohner in weiter Ferne, und wer in die Hauptstadt fahren wollte, meinte damit eher Vientiane, die Hauptstadt des Nachbarlands Laos.

Das Ende des Vietnamkriegs und der Abzug der Amerikaner bedeuteten für die Bewohner des Khoratplateaus das Ende einer Zeit, in der ihre Armut durch die Dollars der US-Truppen ein wenig gemildert wurde. Trotz umfangreicher Entwicklungsprogramme und des Baus von Stauseen und Straßen bleibt der *Isan,* wie der arme Nordosten Thailands auch genannt wird, ein Notstandsgebiet. In vielen der abgelegenen Dörfer müssen die Frauen und Kinder kilometerweit bis zur nächsten Wasserstelle laufen. Vom Überfluß der fruchtbaren Menamebene ist auf dem Sandsteinplateau im Nordosten nichts zu spüren. Aufgrund seiner Abgeschiedenheit ist es von jeher Zufluchtsort von Rebellen. Immer wieder flammten hier Unruhen auf, vom Bauernaufstand der Bhu Mi Phun zu Beginn dieses Jahrhunderts bis zum Guerillakrieg unserer Zeit.

Neben den Lao Thai lebt im Nordosten eine starke Minderheit der Khmer. In den Dörfern entlang der Grenze zu Kambodscha verstehen viele Leute auch die Landessprache nicht. Darin zeigt sich der jahrhundertelange kulturelle Einfluß des Königreichs von Angkor ebenso wie in den Meisterwerken der Khmerarchitektur, beispielsweise in der Ruinenstadt Phimai oder im Bergheiligtum Prasat Phanom Rung. Die bedeutendste Kultstätte aus jener Zeit und gleichzeitig die älteste buddhistische Tempelanlage Thailands liegt bei Nakhon Pathom. Ihr Wahrzeichen ist ein 120 m hoher Chedi, der als das höchste buddhistische Bauwerk der Welt gilt.

▲ *Ein meditierender Mönch in einem Innenhof des Großen Palasts in Bangkok. Die meisten Thai verbringen eine mehr oder weniger lange Zeit ihres Lebens in einem Kloster.*

Der Süden

Bodenschätze und Gaumenfreuden

Die langgestreckte Halbinsel im Süden des Königreichs, die wie ein Zeigefinger zum Äquator weist, ist in gewissem Sinn ein Niemandsland, das die drei südostasiatischen Staaten Thailand, Birma und Malaysia unter sich aufgeteilt haben. Fernab von der Hauptstadt Bangkok gelegen, besitzt der thailändische Süden reiche Bodenschätze. Man findet hier auch einige der beliebtesten Badeorte zwischen Sri Lanka und Bali.

▶ *Vor der heiligsten Kultstätte des Wat Phra Kaeo stehen riesige Wächterstatuen.*

Die Insel Phuket, im Westen der Malaiischen Halbinsel gelegen, vor einigen Jahren noch ein Geheimtip unter Rucksacktouristen, bietet heute auch dem verwöhntesten Gast eine angemessene Unterkunft. Sonnenanbeter, die sich einmal für ein paar Stunden vom Strandleben lösen können, sollten eine Bootsfahrt um die Insel und durch die Bucht von Phang Nga unternehmen; sie werden eine der phantastischsten Küstenlandschaften der Erde erleben. Wie Spitzen gestrandeter Eisberge ragen bizarr geformte, von Grotten durchsetzte Felsen aus dem Wasser. Phuket, übrigens Thailands größte Insel, ist durch reiche Zinnvorkommen von wirtschaftlich großer Bedeutung für das Königreich.

Lohnenswert ist auch eine Bootsfahrt zu der im Golf von Thailand liegenden Insel Ko Samui. Zwar steigt die Zahl der Individualtouristen auch hier stetig, doch das kann den Reiz der kleinen Hafenstadt Ban Ang Thong und der zahlreichen, paradiesisch schönen Palmenstrände kaum schmälern. Die Phi-Phi-Inseln südöstlich von Phuket und die Eilande im Golf von Thailand rund um die Insel Ko Samui sind für Liebhaber der thailändischen Küche ein Begriff. Dort suchen Männer unter Einsatz ihres Lebens in Höhlen und an steilen Felsklippen nach den sogenannten Schwalbennestern, die, als Suppe zubereitet, chinesische Festmähler krönen. In Wirklichkeit haben diese exotischen Leckerbissen nichts mit den Nestern von Schwalben, sondern mit denen bestimmter Arten von Seglern (Salanganen) zu tun, die, aus Speichel gebaut, an der Luft rasch zu einer leimartigen Masse austrocknen. Die Sammler können mit ihrer halsbrecherischen Arbeit in einer Saison viel Geld verdienen.

Schätze anderer Art sind an der Ostküste der Malaiischen Halbinsel in der Stadt Nakhon Si Thammarat zu bewundern, z. B. der Wat Mahathat, dessen Chedi mit mehreren Zentnern Gold überzogen ist, sowie mehr als 20 andere buddhistische Klöster. Nakhon Si Thammarat, von den Malaien Ligor genannt, gehört zu den ältesten Städten im Süden Thailands. Wahrscheinlich hatten die Sriwidjajakönige bereits im 2. Jh. n. Chr. in der damals noch am Meer gelegenen Stadt ihre Residenz. Touristen, die von Phuket einen Ausflug in diese sehenswerte Stadt unternehmen, finden in den Andenkenläden aus Büffelleder geschnittene Schattenspielfiguren und schöne Silberarbeiten, für die Nakhon Si Thammarat berühmt ist.

▶ *Aus der Bucht von Phang Nga im Süden des Landes ragen steile, von Höhlen durchzogene Kalksteinfelsen, typische Beispiele des tropischen Turmkarsts.*

▶ ▶ *Als fromme Buddhisten schmücken die Thai die von ihnen besonders verehrten Buddhafiguren mit dünnen Goldplättchen.*

▲ *Der Mekong, mit 4500 km der längste Strom Südostasiens, bildet auf fast 2000 km die natürliche Grenze zwischen Laos und Thailand.*

Laos

Ihre Lage im Binnenland Indochinas, ohne direkten Zugang zum Meer und zwischen fünf feindlich gesinnten Nachbarn, macht die Volksrepublik Laos zu einem typischen Pufferstaat zwischen den Machtblöcken.

Laos nimmt unter den dichtbesiedelten, auf weiten Strecken sogar überbevölkerten Staaten Südostasiens eine Sonderstellung ein. Bei einer Landesfläche, die fast derjenigen der Bundesrepublik Deutschland vor ihrer Wiedervereinigung entspricht, leben in dem Land nur etwa so viele Einwohner wie in Rheinland-Pfalz. Geburtenregelung und andere Maßnahmen zur Verringerung des Bevölkerungswachstums sind deshalb in Laos keine Themen. Laos besitzt beachtliche Bodenschätze und große Wasserkraftreserven. Außerdem verfügt die Volksrepublik über ausreichend landwirtschaftliche Nutzfläche, doch deren Kultivierung bereitet große Schwierigkeiten. Zurückzuführen ist dies vor allem auf die mangelhafte Infrastruktur.

Die Laoten haben ihren Ursprung wie viele Völker Südostasiens in Südchina. Im 13. Jh. wichen sie vor der Yüandynastie nach Indochina aus und ließen sich am Mittellauf des Mekong nieder. Dort gründete im Jahr 1353 der laotische Prinz Fa Ngum das Königreich von Lanchang; verschiedene Stämme wurden erstmals unter einer Herrschaft vereinigt. Angesichts der mächtigen Nachbarn, die ihre Territorien nur zu gern auf Kosten des laotischen Reichs vergrößern wollten, war seine Auflösung bloß eine Frage der Zeit: um 1800 zerfiel das Reich in drei Teilstaaten, die sogleich unter die Herrschaft von Siam, Birma und Vietnam gerieten. Sie wurden 1893 als französisches Protektorat und Teil von Französisch-Indochina wiedervereinigt. Der Weg in die Unabhängigkeit war von Kriegen be-

▲ *Im „Reich der Million Elefanten" werden die gelehrigen Dickhäuter noch viel bei der landwirtschaftlichen Arbeit eingesetzt. Nach der Arbeit nehmen sie ein erfrischendes Bad.*

gleitet. Trotz mehrerer blutiger Aufstände blieb Laos eine französische Kolonie. 1954 wurde den Laoten aufgrund der Vereinbarungen der Genfer Indochinakonferenz wieder die volle staatliche Unabhängigkeit gewährt. Doch die innenpolitische Lage war damit keineswegs gefestigt, ein Bürgerkrieg, der sogenannte Laos-Konflikt, folgte. Unterstützt von Vietnam, schafften die nun dominierenden Kommunisten Ende 1975 die Monarchie ab und riefen die Laotische Demokratische Volksrepublik aus. Wirkliche Unabhängigkeit hat Laos indes bis heute noch nicht gewonnen. Das Land steht weitgehend unter vietnamesischer Kontrolle, die durch einen 1977 geschlossenen „Freundschaftsvertrag" auch völkerrechtlich untermauert wurde.

Im Schatten Chinas

Ein gebirgiges Land

Das bergige, noch etwa zur Hälfte dichtbewaldete Land wird durch tief zerklüftete Gebirgsketten in ein unüberschaubares Mosaik kleiner und kleinster Landschaftsräume zergliedert. Ebenen, wie das im Indochinakrieg heiß umkämpfte Tranninhplateau (Ebene der Tonkrüge), machen nur einen geringen Teil der Staatsfläche aus. Dem Landschaftsmosaik entspricht eine ebenso bunte Vielfalt der Stämme: den eigentlichen Laoten, auch Lao Lum (Talbewohner) genannt, weil sie hauptsächlich in den fruchtbaren Niederungen leben, stehen rund 70 ethnische Minderheiten gegenüber, die wiederum grob in drei Gruppen untergliedert werden: die Lao Theung (Berghangbewohner), die Lao Soung (Berggipfelbewohner) sowie die Lao Thai. Diese Minderheiten machen zahlenmäßig etwa 44% der Laoten aus.

Die Landeshauptstadt Vientiane liegt am linken Ufer des Mekong, der hier die Grenze zu Thailand bildet. Drei breite Boulevards und mehrere staubige Nebenstraßen – das ist bereits das gesamte Straßennetz der Stadt. Wirkliche Sehenswürdigkeiten sind kaum vorhanden. Außer einem unvollendeten Bauwerk im Stil des späten 19. Jh., das als königlicher Palast geplant war, kann man eine Reihe buddhistischer Klöster besichtigen, so z. B. den im Jahr 1565 fertiggestellten Wat Phra Keo, der bis 1826 den berühmten Smaragdbuddha beherbergte. Nachdem die Siamesen die Buddhafigur wieder in ihren Besitz gebracht hatten, zündeten sie das Kloster an. Während des Zweiten Weltkriegs wurde es nach den Originalplänen wieder aufgebaut. Am Stadtrand befindet sich das buddhistische Nationalheiligtum That Luang, mit einem vergoldeten Stupa als Wahrzeichen. Weitere bedeutende Tempelanlagen können Touristen aus dem westlichen Ausland derzeit nur noch in der einstigen Königsresidenz Luang Prabang, etwa 200 km nördlich von Vientiane an der Einmündung des Nam Khan in den Mekong,

▶ *In den Bergregionen des nördlichen Laos verrichten Frauen den größten Teil der Feldarbeit.*

▼ *Die Miao im Goldenen Dreieck erzeugen große Mengen von Opium. Sie selbst machen nur wenig Gebrauch von dieser Droge.*

▲ *Vergoldete Holzschnitzereien im Innern des Wat Chieng Thong, der früheren Krönungsstätte der laotischen Könige, in Luang Prabang*

besuchen. Im Mittelpunkt dieser drittgrößten Stadt von Laos erhebt sich der felsige Hügel Phou Si. Von ihm hat man den besten Blick über Luang Prabang, dessen Name an einen uralten goldenen Buddha (Phra Bang) erinnert, der dem Reichsgründer Fa Ngum von einem Priester geschenkt worden war. Aus dem Gewirr niedriger Holzhäuser ragen die Pagoden und Tempeldächer der Klöster hervor: Wat May Suvanna Phumakam, Wat Pa Ke, Wat Chieng Thong ...

Die bereits erwähnte Ebene der Tonkrüge südöstlich von Luang Prabang hat ihren Namen von den großen Stein- und Tonurnen älterer Kulturen, die dort entdeckt wurden. Heute findet man allerdings in der Regel nur noch Scherben, denn die Ebene wurde während des Vietnamkriegs durch schwere Bombardements regelrecht umgepflügt. In diesem Krieg gingen auf Laos mehr Bomben nieder als während des Zweiten Weltkriegs auf das Deutsche Reich.

▶ *Champassak im Süden des Landes besitzt mit seinen Tempelruinen eindrucksvolle Zeugnisse der Khmerkultur, die verstreut zwischen großen Teichen liegen.*

▶ ▶ *Der Wat Chieng Thong mit dem Bildnis des heiligen Bodhibaums, unter dem Buddha die Erleuchtung fand.*

▲ *Blick auf ein kambodschanisches Dorf; während die der Aufbewahrung von Reliquien dienenden Stupas direkt auf dem Boden stehen, werden Häuser auf Pfählen errichtet, um Menschen und Vorräte vor Überschwemmungen und Schädlingen zu schützen.*

Kambodscha

Als eines der fruchtbarsten und an kulturellen Schätzen der Vergangenheit reichsten Länder Südostasiens leidet Kambodscha noch immer an den Nachwirkungen der blutigen Schreckensherrschaft der Roten Khmer von 1975 bis 1978.

Die Bewohner Kambodschas sind die Nachkommen der Erbauer von Angkor, einem der bedeutendsten Kulturdenkmäler der Welt. Seine Ruinen lagen 400 Jahre lang im Dschungel verborgen, der sie vor der völligen Zerstörung bewahrte. Man hatte im Westen immer wieder von der im Urwald versunkenen Stadt gehört, aber erst um die Mitte des vorigen Jahrhunderts wurde sie von einem französischen Naturforscher wiederentdeckt. Wer einmal vor den Ruinen Angkors gestanden, die gewaltige Anlage, die unglaubliche Vielfalt von Reliefs und Skulpturen gesehen hat, wird verstehen, warum für den Besucher in der Erinnerung ganz Kambodscha auf diese 155 km² große Ruinenstätte zusammenschrumpft.

Das Khmerreich von Angkor, dessen Glanz in den Ruinen noch einmal aufzuleuchten scheint, war vom 10. bis 12. Jh. n. Chr. das mächtigste Reich zwischen Indien und China. Sein Ursprung liegt weitgehend im dunkeln. Alles, was man heute an schriftlichen Dokumenten über Angkor besitzt, stammt von indischen und chinesischen Reisenden oder wurde in Stein gemeißelt überliefert. Von den eigenen Archiven des Reichs und den Holzgebäuden, die es in der ausgedehnten Anlage zweifellos auch gegeben hat, blieb leider nichts der Nachwelt erhalten.

Die Geschichte begann im 1. Jh. n. Chr. mit dem Reich von Fu-nan, das zwischen dem See Tonle Sap und dem Mekongdelta lag und enge Beziehungen zu Java unterhielt. Seine Kultur und Religion wurden stark von Indien geprägt. Nach dem 6. Jh. geriet Fu-

▲ *Schmuck und Frisur der Khmertänzerinnen entsprechen bis ins Detail dem Vorbild der Göttinnen auf den Reliefs der verlassenen Tempel- und Königsstadt Angkor.*

nan unter die Vorherrschaft des Königreichs Chenla, das weiter im Landesinnern lag und seinerseits im 8. Jh. in zwei Staaten zerfiel. Etwa um das Jahr 800 kam Dschajawarman II. aus Java nach Chenla und „entfaltete sich dort wie eine neue Blüte, ein großer Lotus ohne Stiel". Diese blumigen Worte beschreiben die Geburt eines Reichs, das unter den Nachfolgern Dschajawarmans II. den Süden Siams und Vietnams sowie große Gebiete von Laos und Malaysia umfaßte.

Seine Blütezeit erlebte Angkor im 12. und 13. Jh.; während dieses Zeitraums ließen die Gottkönige Tempel, Straßen und Staudämme erbauen. Fortwährende kriegerische Auseinandersetzungen mit den nach Süden vorstoßenden Vietnamesen und Thai leiteten schließlich den Untergang Angkors ein: Mehrfach geplündert und verwüstet, wurde es 1431 von den Thai endgültig zerstört. Der König zog sich mit seinem Hofstaat nach Südosten zurück und gründete an der Stelle des heutigen Phnom Penh eine neue Hauptstadt. Das Khmerreich hatte sich selbst überlebt; die prächtige Hauptstadt Angkor versank unter dem Blätterdach des Urwalds.

Die ersten Nachrichten über die verlassene und vergessene Stadt mit der riesigen Tempelanlage Angkor Wat gelangten durch französische Missionare nach Europa. Sie regten den französischen Naturforscher Henri Mouhot zu einer systematischen Suche nach den Ruinen im Urwald an. Nach ihrer Entdeckung folgten in den 60er Jahren des 19. Jh. die ersten wissenschaftlichen Expeditionen. Mit der Freilegung und Rekonstruktion der rund 200 Tempel konnte jedoch erst begonnen werden, nachdem Siam die Provinz Siem Reap 1907 an Kambodscha zurückgegeben hatte. Jahrzehntelang waren einheimische Handwerker unter der Anleitung französischer Spezialisten mit den Wiederherstellungsarbeiten beschäftigt, bis der Vietnamkrieg 1972 zur Einstellung der Arbeiten zwang.

Die zweite Hälfte der 70er Jahre war für Kambodscha eine Epoche des Schreckens. Als die kommunistisch orientierten Roten Khmer 1975 die Macht im Land übernommen hatten, gingen sie sofort mit unvergleichlicher Härte daran, in Kambodscha ihre Vorstellungen von einem kommunistischen Staat durchzusetzen. Jeder, der ihre Pläne gefährdete, wurde umgebracht oder mußte ins Ausland flüchten. Unter der Führung des „Steinzeitkommunisten" Pol Pot entvölkerten die Roten Khmer ganze Städte und steckten deren Bewohner in Umerziehungslager. Hunderttausende starben an Hunger und Erschöpfung, noch mehr wurden erschossen oder erschlagen. Im Jahr 1979 setzten vietnamesische Truppen der vierjährigen Schreckensherrschaft der Roten Khmer ein Ende, der vermutlich 3 Mio. Menschen zum Opfer gefallen waren. Gegen die neue, mit vietnamesischer Hilfe installierte kambodschanische Regierung begannen sich sofort Guerillabewegungen zu formieren, darunter auch die jetzt im Untergrund operierenden Roten Khmer. Die 80er Jahre waren durch bürgerkriegsähnliche Zustände gekennzeichnet. Mit der Unterzeichnung des Pariser Friedensvertrags im Herbst 1991 hat die Repatriierung der Flüchtlinge aus thailändischen Lagern in ihre Heimat begonnen.

Die Schatzkammer Südostasiens

Buddhas, Tempel und Pagoden

Rund 1000 Tempel sind in Kambodscha offiziell registriert; wie viele andere verschwunden sind oder in den heute zu Thailand, Vietnam und Laos gehörenden Gebieten liegen, weiß niemand zu sagen. Es gibt kaum einen *Phnom* (Hügel), der nicht eine Pagode, ein Grabdenkmal oder wenigstens ein von Moos überzogenes Mauerwerk trägt.

Der See Tonle Sap im zentralen Tiefland stellt ein natürliches Wasserreservoir dar, dank dessen hier in Friedenszeiten reiche Reisernten eingebracht wurden. „Wenn man Wasser hat, hat man Reis, und wenn man Reis hat, hat man alles", lautete eine Parole der Funktionäre der Roten Khmer, als sie alle Städter, vom Kind bis zum Greis, zur Zwangsarbeit aufs Land schickten, um sie dort Bewässerungskanäle ausheben und Anbauterrassen anlegen zu lassen.

Die Hauptstadt Phnom Penh wurde durch die Vertreibung der Städter beinahe zur Geisterstadt: 1972 beherbergte sie schätzungsweise 1,3 Mio. Menschen, nach der Zwangsumsiedlung waren es nur noch 23 000 Einwohner. Inzwischen überschreitet die Zahl

▲ *Eindrucksvollstes und erhabenstes Zeugnis der klassischen Khmerarchitektur: die im 12. Jh. errichtete Tempelanlage Angkor Wat, die von einem fast 200 m breiten Wassergraben umschlossen wird und eine Fläche von 1,5 mal 1,3 km bedeckt*

der Bewohner Phnom Penhs längst wieder die Halbmilliongrenze. Den Touristen aus dem Westen, welche die Landeshauptstadt besuchen dürfen, zeigt man Folterstätten und Massengräber zur Erinnerung an die Schreckensherrschaft der Roten Khmer.

Von Phnom Penh aus führen Straßen, Eisenbahnlinien und Wasserwege in alle Gegenden Kambodschas, nach Kep und Kompong Som am Golf von Thailand, nach Battambang, der „Reisschüssel" des Landes, zu den Tempeln von Preah Vihear, die von Thailand zurückgegeben wurden, und natürlich auch nach Angkor. Für die Besichtigung der Ruinenstätte von Angkor müßte man eigentlich mehrere Tage veranschlagen und dabei auch einen Besuch der in der Umgebung gelegenen Tempelanlagen von Roluos, Banteay Srei und Phnom Krom einplanen. Touristen dürfen sich heute allerdings glücklich schätzen, wenn sie Angkor wenigstens einen kurzen Besuch abstatten dürfen.

Angkor Wat, die im 12. Jh. errichtete Tempelanlage, gilt als der Höhepunkt der klassischen Khmerarchitektur. Sie ist auch das Nationalsymbol Kambodschas. Auf der Landesflagge prangen ihre fünftürmigen Umrisse in goldenen Farben. Die Großartigkeit und Harmonie der Anlage wird durch die geradezu überbordende Ausschmückung mit Reliefs und Skulpturen nicht beeinträchtigt, im Gegenteil, jede der lächelnden Göttinnen, die sich an Schönheit und Anmut ge-

▶ *65 m hoch ragt der Hauptturm des Zentralheiligtums empor. Der riesige, pyramidenförmig ansteigende Tempel symbolisiert den heiligen Berg der Hindus und war dem Gott Wischnu geweiht.*

▲ *In der Nähe von Kampot, einem Küstenort im äußersten Süden Kambodschas am Golf von Thailand; in flachen Barken wagen sich Fischer auf die See.*

genseitig übertreffen, ist eine wahre Augenweide. Wie beim benachbarten Tempelberg Bajon ist jedes Motiv ein in Stein gemeißeltes Dokument der vergangenen Kultur des Khmerreichs. Die Skulpturen erzählen die Geschichte Wischnus, eines der Hauptgötter des Hinduismus. Sie geben Episoden aus den Heldenepen Ramajana und Mahabharata wieder, berichten aber auch auf einem einzigen, fast 100 m langen Feld vom Leben des Reichsgründers Dschajawarman II. Der Bajon, Mittelpunkt der von Dschajawarman VII. (1181–1219) erbauten königlichen Stadt Angkor Thom, ist ebenfalls mit zahllosen Motiven von Menschen und Göttern, wie den berühmten tanzenden *Apsaras*, verführerischen, weiblichen Geistern aus der indischen Mythologie, geschmückt. Die Bildnisse zeigen auch eine Seeschlacht mit den Cham, die sich mit den Khmer zahllose Gefechte lieferten, manchmal aber auch ihre Verbündeten waren. Das Alltagsleben kommt in den Darstellungen ebenfalls nicht zu kurz. Das Khmerreich von Angkor hat außer Angkor Wat und Angkor Thom noch viele andere historische Stätten hinterlassen, darunter den zierlichen, aus rosarotem Sandstein errichteten Tempel Banteay Srei und den Tempel Ta Prohm, den man absichtlich nicht aus dem Pflanzendickicht befreite, um zu zeigen, wie Angkor bis vor etwa 100 Jahren vor der Freilegung der Tempelbauten ausgesehen hatte.

Die von den Archäologen mit großer Mühe und Sorgfalt rekonstruierten Bauwerke Angkors sind gegenwärtig wieder vom Zerfall bedroht, denn der Dschungel beginnt sich von neuem über der Ruinenstätte auszubreiten und mit den Pflanzenwurzeln das Mauerwerk zu sprengen.

◀ *Das Wurzelwerk der üppig wuchernden Vegetation verleiht diesem Buddhagesicht des Ta Som medusenhafte Züge, die in einem eigenartigen Kontrast zum rätselhaften Lächeln der Gottheit stehen.*

▶ *Unter Dschajawarman VII. (1181–1219), dem Erbauer von Angkor Thom, der „Großen Hauptstadt", wird der Buddhismus zur vorherrschenden Religion der Residenz des Khmerreichs. Ausdruck dieses Wandels sind riesenhafte Steinbildnisse und Gesichtertürme wie die des Tempelberges Bajon, dessen 54 Türme Kolossalgesichter tragen, die in die vier Himmelsrichtungen blicken.*

▶ *Flachrelief einer der berühmten tanzenden* Apsaras *von Angkor Wat*

▲ *Wie ein Scherenschnitt zeichnet sich die Silhouette vietnamesischer Bauern vor dem Himmel über der hügeligen Landschaft ab; typisch sind der flachkegelige, in der Mitte spitz zulaufende Reisstrohhut und die Tragestange mit den beiden Transportbehältern.*

Vietnam

Seit 1976 wiedervereinigt, hat das Land am Südchinesischen Meer bis zum heutigen Tag an den Hinterlassenschaften zu tragen, die ihm durch Kolonialmächte und eine Kette blutiger Kriege aufgebürdet wurden.

Über eine Länge von mehr als 1600 km zieht sich Vietnam, bis 1976 in das kommunistische Nordvietnam und in die von den USA gestützte Republik Südvietnam geteilt, an der Küste des Südchinesischen Meers entlang. Der an seiner schmalsten Stelle nur etwa 60 km breite, unfruchtbare Küstenstreifen in der Mitte des Landes verbindet die beiden „Reisschüsseln" Vietnams, die Niederungen am Unterlauf des Roten Flusses im Norden und die des Mekong im Süden, miteinander.

Trotz zweier größerer Bürgerkriege, zweifacher Landesteilung und fast einhundertjähriger Unterjochung durch die französischen Kolonialherren bildet Vietnam historisch, sprachlich und kulturell heute eine Einheit. Dabei stehen den eigentlichen Vietnamesen oder Annamiten, die als weitaus größte Bevölkerungsgruppe fast ausschließlich in den Flußniederungen und Küstenebenen leben, viele ethnische Minderheiten gegenüber, die in die Bergländer im Norden und Westen abgedrängt wurden. Außerdem haben in den letzten Jahrhunderten die verschiedenen politischen und wirtschaftlichen Systeme sowie die zahlreichen Kriege das Land und seine verschiedenen Bevölkerungsgruppen diesseits und jenseits des 17. Breitengrads, der ehemaligen Grenze zwischen Nord- und Südvietnam, geprägt. Daraus entwickelte sich ein geradezu klassischer Nord-Süd-Konflikt, der bereits im vorigen Jahrhundert zu Bürgerkrieg, Landesteilung und schließlich zur gewaltsamen Wiedervereinigung führte.

▲ *Auf dem Blumenmarkt von Hanoi herrscht geschäftiges Treiben.*

Als ein Volk von Bauern besiedelten die Vietnamesen im Lauf ihrer Geschichte stets die Küstenebenen und Tiefländer mit ihren nährstoffreichen, fruchtbaren Böden, und so drängen sich heute 90% der Einwohner auf kaum einem Drittel der Landesfläche. Um eine gleichmäßigere Verteilung der Bevölkerung zu erreichen, bleiben wohl oder übel nur die landwirtschaftliche Erschließung und Besiedlung der Hügel- und Gebirgsländer. Aber dort fühlen sich die Kinh, wie das Staatsvolk Vietnams auch genannt wird, offenbar nicht wohl, denn traditionell leben sie praktisch alle unterhalb der 75-m-Höhenlinie. Von der Lösung dieses Problems wird es abhängen, ob die Volksrepublik nicht nur die militärische, sondern auch ihre wirtschaftliche Zukunft in den Griff bekommt.

Chronik eines umkämpften Landes

„Das nach Süden verstoßene Volk"

Der Name Vietnam bedeutet soviel wie „das nach Süden verstoßene Volk". Wie viele andere Völker Südostasiens siedelten die Vietnamesen ursprünglich im südlichen China, mußten dann aber etwa im 4. Jh. v. Chr. vor den Chinesen nach Süden ausweichen. Es ist klar, daß bei der Vertreibung Blut floß, zumal die Vietnamesen bei ihrem großen Marsch nach Süden wiederum selbst auf Völker stießen, die ihre Heimat nicht einfach kampflos preisgaben. In der mehr als 2000jährigen Geschichte Vietnams folgte daher ein Krieg dem anderen, und die dazwischenliegenden Friedenszeiten waren nur kurz. Zu den ältesten Zeugnissen der vietnamesischen Kultur gehören kunstvoll gearbeitete Bronzetrommeln, die aus den Jahrhunderten vor Beginn unserer Zeitrechnung stammen, einer Epoche der Geschichte Indochinas, von der nur wenig überliefert ist. Im Jahr 111 v. Chr. wurde das nördliche Vietnam, etwa bis zum 17. Breitenkreis, von den Chinesen erobert und dem Reich der Mitte als Provinz angegliedert. Immer wieder versuchten die Vietnamesen, insbesondere die Bauern mit ihrem stark ausgeprägten Nationalbewußtsein, durch Erhebungen das Joch der Fremdherrschaft abzuschütteln. Dies sollte ihnen jedoch erst im 10. Jh. n. Chr. gelingen, als die Chinesen ihre Provinz freigeben mußten und ein nach chinesischem Vorbild neu erwachtes Selbstbewußtsein die Freiheit durchsetzte.

Die Unabhängigkeit bescherte den Vietnamesen jedoch keinen Frieden, denn nun begann ein lange Zeit währender, interner Machtkampf unter den verschiedenen Feudalfamilien. Außerdem mußte sich das Land auch fortan chinesischer Angriffe erwehren. Das vorletzte vietnamesische Herrschergeschlecht, die Lêdynastie, hielt sich von 1428 bis 1789 an der Macht. Im 16. Jh. traten die Vietnamesen aus ihrem übervölkerten Siedlungsgebiet am Roten Fluß erneut einen Marsch nach Süden an und zerschlugen dabei das Reich der Cham und das der Khmer, die sich ihnen in den Weg stellten. Die Ankunft der ersten Europäer und christlichen Missionare im 18. Jh. sorgte für eine neue Krise. Das Land zerfiel in mehrere Lager und wurde zum Schauplatz schwerer Bauernaufstände wie desjenigen unter der Führung der Brüder Tây So'n. 1802 nutzte General Nguyên Anh die Gunst der Stunde und ließ sich zum Kaiser ausrufen. Er gründete die Nguyêndynastie, die bis zum Ende des Zweiten Weltkriegs an der Macht blieb. Christenverfolgungen in Vietnam lieferten Napoleon III. einen Vorwand zur Besetzung des Landes, das dann 1887 mit anderen „Protektoraten" zur Föderation Indochina unter französischer Herrschaft zusammengeschlossen wurde.

Mitte des 20. Jh. schließlich formierten sich Widerstandskämpfer mit der Gründung der „Front für den Kampf um die Unabhängigkeit Vietnams" (Vietminh) durch Ho Chi Minh erstmals auf breiter Front. Am 2. September 1945 rief Ho Chi Minh in Hanoi die Demokratische Republik Vietnam aus.

Der Abbruch der Verhandlungen mit Paris, die Beschießung Haiphongs durch die französische Marine sowie etliche andere Zwischenfälle führten schließlich zum Ersten Indochinakrieg (1946–1954), der für die Franzosen in Dien Bien Phu mit einer militärischen Katastrophe endete. Auf der Genfer Konferenz wurde die Unabhängigkeit Vietnams, gleichzeitig aber auch die Teilung des Landes entlang dem 17. Breitengrad beschlossen. In der Republik Südvietnam, die von den USA und den westlichen Staaten unterstützt wurde, brach 1957 ein heftiger Guerillakrieg aus, von dem bald auch die Nachbarländer Laos und Kambodscha betroffen waren. Als zur Unterstützung der kommunistisch geführten „Nationalen Befreiungsfront von Südvietnam" (Vietcong) immer mehr reguläre nordvietnamesische Truppen in die Kämpfe eingriffen, antworteten die USA mit dem massiven Einsatz ihrer Kriegsmaschinerie und Bombardierungen nordvietnamesischer Städte. Der Zweite Indochinakrieg (1964–1975), besser bekannt unter dem Namen Vietnamkrieg, endete wie der Erste, nämlich mit der Niederlage der Interventionstruppen.

Allein 2 Mio. t Bomben sollen die Amerikaner auf die von Norden nach Süden verlaufenden Nachschubwege der Vietcong geworfen haben – mehr als während des Zweiten Weltkriegs auf Europa und Japan zusammen. Noch immer sind ganze Landstriche von Bombentrichtern durchsetzt, kann es passieren, daß bei der Brandrodung oder Feldarbeit der Bauern Blindgänger explodieren und Todesopfer fordern. Entlang dem ehemals wichtigsten Versorgungsweg, dem Ho-Chi-Minh-Pfad, verdienen sich heute zahlreiche arme Landbewohner mit dem Verkauf von Altmunition und Granatenschrott ein bescheidenes Zubrot.

Hanoi

Die Landeshauptstadt

Die Bombardements der US-Luftwaffe haben in der Innenstadt der Landeshauptstadt Hanoi nur wenige Spuren hinterlassen. Die Altstadt mit ihren schönen Villen aus der Zeit um die Jahrhundertwende besitzt ein französisches Gepräge, und die Long-Bien-

▶ *Die Ha-Long-Bucht im Norden Vietnams mit ihren Kalksteintürmen und -kegeln war ursprünglich eine festländische Karstlandschaft, die später vom Meer überflutet wurde.*

▲ *Westlich des Roten Flusses im Norden der Republik geht die Küstenebene langsam in eine Landschaft mit Hochflächen und Bergkuppen über.*

Brücke, eine gewaltige Stahlkonstruktion über dem Roten Fluß, kann längst wieder befahren werden.

Nordwestlich der Hauptverkehrsachse Pho Kim Lien steht das 1975 eingeweihte Ho-Chi-Minh-Mausoleum, vor dem Tag für Tag ehrfürchtige Besucher in langen Schlangen auf Einlaß warten. Traditionell schlägt das Herz der vietnamesischen Metropole indes am Petit Lac oder Hoan Kiem, wie er heute heißt, einem kleinen See, mit dem die Vietnamesen eine berühmte Legende verbinden, die über eine wundersame Begebenheit im Unabhängigkeitskampf gegen die Chinesen berichtet. Der Sage zufolge soll im 15. Jh. der Partisanenführer Lê Loi, der später die nach ihm benannte Dynastie gründete, beim Fischen im See ein Zauberschwert gefunden haben. Mit Hilfe dieser Wunderwaffe verjagte er die chinesischen Eindringlinge und einte das vietnamesische Volk unter seiner Herrschaft. Eines Tages jedoch, als er am Ufer des Sees weilte, wurde das Schwert durch geheimnisvolle Kräfte aus der Scheide gezogen und von einem Drachen verschlungen, der anschließend im Wasser verschwand. Zur Erinnerung an dieses Ereignis bauten die Vietnamesen auf einer kleinen Insel im See einen Tempel. Die „Stadt innerhalb der Flußschlinge“, wie die Übersetzung von Hanoi lautet, kann auf eine lange Tradition als Verwaltungszentrum und Landeshauptstadt zurückblicken. Bereits in chinesischer Zeit war sie Provinzhauptstadt, später dann unter dem Namen Thang Long (Fliegender Drache) vom 10. bis 17. Jh. kaiserliche Residenz, bevor sie für einige Zeit von Huê abgelöst wurde. Huê ist auch die einzige Stadt des Landes, die hinsichtlich der historischen Bedeutung mit Hanoi konkurrieren kann.

Hanoi besitzt einige Tempel, die man sicherlich nicht mit den Bauwerken Angkors vergleichen kann, die aus kunsthistorischer Sicht aber dennoch interessant sind. Aufmerksamkeit verdient in erster Linie die Verschmelzung chinesischer und vietnamesischer Stilelemente. Das Wahrzeichen der Stadt, wenn nicht des ganzen Landes, ist die Chua Môt Côt, die kleine Einpfeilerpagode. Sie wurde Anfang des 11. Jh. von einem Fürsten zu Ehren der Göttin Quan-Âm auf einer Insel in einem Teich errichtet. Weitere Sehenswürdigkeiten sind der von Mangobäumen umgebene Tempel des Großen Buddha (Quanthánh), die Zwei-Schwestern-Pagode sowie der Tempel der Literatur, der im 15. Jh. zu Ehren der Gelehrten und Dichter erbaut wurde. In jener Zeit fand alle drei Jahre ein Dichterwettstreit statt, der unter der Schirmherrschaft des Kaisers stand.

▲ *Nahe der alten Residenz Huê befindet sich das palastähnliche Grabmal des Kaisers Khai Dinh aus der Nguyêndynastie, in dem der Verstorbene samt seinen Nebenfrauen bestattet wurde.*

Von Nord nach Süd

Die Mandarinstraße

Selbst wenn sich Touristen frei im Land bewegen dürften – für private Entdeckungsreisen ist vielfach die Erlaubnis der Behörden erforderlich –, wäre eine Reise durch Vietnam bei dem noch mangelhaft ausgebauten Verkehrswegenetz sehr strapaziös. Dabei gibt es gerade abseits der großen Städte viel Sehenswertes: die Bergstämme an der chinesischen Grenze, das fruchtbare Delta des Roten Flusses mit seinen hinter Bambushecken versteckten Dörfern und den Reisfeldern, auf denen die Wasserbüffel den Pflug durch den morastigen Boden ziehen; das katholische Phat Diem mit großen Steinkirchen, Thai Binh, in agrarwirtschaftlicher Hinsicht die Musterprovinz Vietnams, oder Haiphong, der Haupthafen Vietnams, der im Krieg schwere Bombenangriffe über sich ergehen lassen mußte.

Nordöstlich der Hafenstadt liegt die Bucht von Ha Long, die eines der größten Naturwunder der Erde darstellt. Das Labyrinth kleiner Karstinseln war früher ein Schlupfloch für Piraten, in dem sie vor Verfolgern sicher sein konnten. Der Sage nach stieg hier der Himmlische Drache ins Meer. Da dieser Koloß riesige Wassermassen verdrängte, stieg der Meeresspiegel an und überflutete ein Gebirge, von dem heute nur noch die Gipfel sichtbar sind. In der Sage steckt ein Körnchen Wahrheit, die Karstformen sind nämlich in der Tat auf dem Festland entstanden und später überflutet worden.

Die Hauptbahnlinie von Hanoi nach Saigon, jetzt Ho-Chi-Minh-Stadt, folgt der einstigen Mandarinstraße, heute die Nationalstraße Nr. 1 Vietnams. Südlich des Deltas des Roten Flusses windet sich die Straße durch steil aufsteigendes Gebirge. Hier, im früheren Annam, sind viele prominente Vietnamesen geboren, Gelehrte wie Revolutionäre, und hier war auch das Zentrum des Widerstands. Im letzten Krieg wurden in dieser Gegend viele Dörfer und Städte verwüstet. Von dem Städtchen Dong Hoi stand z. B. am Ende des Kriegs nur noch die Fassade der Kirche.

Am südlichen Ufer des Ben Hai, der 21 Jahre lang Grenzfluß zwischen den verfeindeten Bruderländern war, erreicht man den Boden der ehemaligen Republik Südvietnam. Nach der Machtübernahme durch die Kommunisten versuchten Hunderttausende von Südvietnamesen – unter ihnen auch die *Boat people* –, außer Landes zu fliehen.

Die alte Kaiserstadt Huê liegt am Unterlauf des Song Huong, des „Flusses der Wohlgerüche“. Die historischen Bauten der Stadt, darunter die große Zitadelle Dai Noi aus dem vorigen Jahrhundert, nahmen im Vietnamkrieg schweren Schaden. Die prächtigen Kaisergräber vor den Toren der Stadt blieben dagegen unversehrt.

▶ *Früher waren die Moi, eine der ethnischen Minderheiten in Vietnam, Jäger und Sammler. Heute sind sie vorwiegend Bauern.*

▲ *Vietnamesische Frauen bei einem Begräbnis. Wie in vielen Ländern Asiens ist Weiß auch in Vietnam die Farbe der Trauer.*

Huê liegt inmitten einer malerischen Küstenlandschaft mit idyllischen Lagunen und weißen Sanddünen, die sich bis zum Col des Nuages, dem Wolkenpaß, erstrecken. Jenseits dieses geschichtsträchtigen Passes, jahrhundertelang die Südgrenze Vietnams, führt die Straße in engen Haarnadelkurven hinunter nach Da Nang.

Da Nang, früher Tourane genannt, ist der bedeutendste Seehafen zwischen Haiphong und Ho-Chi-Minh-Stadt. Während der Kolonialzeit besaß Da Nang französisches Flair. Die USA bauten den Hafen zum Militär- und Flottenstützpunkt aus, der heute vietnamesischen Streitkräften und der sowjetischen Pazifikflotte als Basis dient. An die Amerikaner erinnert nur noch das zurückgelassene Kriegsmaterial, das hinter Stacheldrahtverhauen langsam verrostet. Der sogenannte Marmorberg bietet einen herrlichen Ausblick auf die Küstenebene, die hier ungewöhnlich breit ist und während der Regenzeit von den Gebirgsflüssen überschwemmt wird. Landeinwärts erheben sich die bewaldeten Ketten der Annamitischen Kordillere. Noch weiter im Südwesten erkennt man einige Hochplateaus, die von den Bergvölkern, den Moi (Wilden), bewohnt werden. Auf den Hochflächen findet man ausgedehnte Kaffee- und Teepflanzungen und ab und zu kleine Städte, wie das früher von den

▲ *Das Mekongdelta ist eine der „Reisschüsseln" Vietnams; es verdankt seine fruchtbaren Böden dem Schlamm, den der Fluß hier bei Hochwasser ablagert.*

Bürgern Saigons als Sommerfrische geschätzte Da Lat. Die Landschaften, durch welche die Straße nun führt, gehörten bis zum 14./15. Jh. zum Reich der Cham. Von der Kultur der moslemischen Cham, die heute in kleinen Gruppen verstreut im Süden Vietnams leben, blieben praktisch nur die mächtigen Wehrtürme erhalten, die hier und dort in dem flachen Land einen Akzent zu setzen vermögen.

Das Mekongdelta

Eine amphibische Welt

Das eigentliche Südvietnam umfaßt das Gebiet der ehemaligen französischen Kolonie Kotschinchina. Sein Bild wurde erst in den letzten zwei bis drei Jahrhunderten geprägt, nachdem die Vietnamesen die Königreiche der Cham und Khmer zerschlagen oder einfach durch Siedler unterwandert hatten. Heute ist das Bild Südvietnams voller Kontraste: hier Ho-Chi-Minh-Stadt, das frühere Saigon, eine pulsierende Metropole, in der noch ein Hauch vom Savoir-vivre aus der französischen Kolonialzeit zu spüren ist, dort die stillen Dörfer im fruchtbaren Mekongdelta, das die Millionenstadt und weite Teile der Republik mit den Hauptnahrungsmitteln Reis und Fisch versorgt.

Ho-Chi-Minh-Stadt ist nicht schön, allenfalls der Stadtkern besitzt einen eigenen, unverwechselbaren Charakter; seine Boulevards, Parks und im Kolonialstil erbauten Villen haben den Krieg und die Machtübernahme durch die Kommunisten überdauert. Um den Stadtkern zieht sich heute allerdings ein breiter Gürtel schäbiger Wohnblocks, Fabriken und Slums, die abschreckend auf Besucher wirken. Die neuen Stadtviertel haben kein einziges bedeutendes Bauwerk vorzuweisen. Der ehemalige Präsidentenpalast gleicht einem Häuserblock mit Sozialwohnungen, und die Backsteinkathedrale könnte allenfalls eine Vorstadt zieren.

Dennoch hatte und hat Saigon eine Anziehungskraft, die schwer zu beschreiben ist. Nicht ohne Grund sind viele Leute, die im Krieg als Flüchtlinge in die Stadt verschlagen wurden, hier seßhaft geworden, obwohl sie oft notdürftig untergebracht und gezwungen sind, mit den niedrigsten Arbeiten ihre tägliche Schale Reis zu verdienen.

Das flachwellige Tafel- und Hügelland Kotschinchinas geht südlich dieser größten Stadt Vietnams allmählich in das 22 000 km^2 große Mekongdelta über, das bis ins vorige Jahrhundert eine malariaverseuchte Sumpfwildnis war. Seit 1868 wurde das Gebiet unter Leitung französischer Ingenieure kultiviert, und heute wird nahezu die gesamte Fläche für den Reisbau genutzt. Nach dem Zusammenbruch der Landwirtschaft im letzten Krieg und der dadurch bedingten Nahrungsmittelknappheit, die bis in die 80er Jahre andauerte, unternimmt das Land jetzt alle Anstrengungen, um von Reisimporten unabhängig zu werden. Die übereilte Verstaatlichung der Landwirtschaft wird zum Teil wieder rückgängig gemacht, und die Bauern haben die Möglichkeit, ihre Produkte auf dem freien Markt zu verkaufen.

▶ *Bei der Arbeit auf den Reisfeldern ist der Wasserbüffel den vietnamesischen Bauern eine unentbehrliche Hilfe.*

▲ *Wie hier auf der Insel Cebu prägen Palmen das Bild der Küsten vieler philippinischer Inseln. Vorgelagerte Korallenriffe mit ihrer reichen Meeresfauna machen die Küstenstreifen zu wahren Taucherparadiesen.*

Philippinen

Die nach dem spanischen König Philipp II. benannte Republik ist neben Indonesien der zweite große Inselstaat Südostasiens und zugleich das einzige Land des ganzen Kontinents, dessen Bevölkerung überwiegend katholisch ist.

DER geographischen Statistik zufolge zählt die Republik der Philippinen insgesamt 7103 Inseln, die eine Landfläche von knapp 300 000 km^2 (ähnlich der Italiens) bedecken. Die Philippiner oder Filipinos, wie sie sich selber nennen, halten von derlei Statistik nicht viel. Sie wissen, daß in diesem Teil der Erde, in dem die Platten der Erdkruste hart aufeinanderprallen und Erdbeben sowie Vulkanausbrüche an der Tagesordnung sind, nichts von Dauer ist. Wo heute noch eine Brise den Meeresspiegel kräuselt, kann morgen das Meer kochen und kurz darauf eine neue Vulkaninsel auftauchen; umgekehrt werden Jahr für Jahr Inseln von der Brandung aufgezehrt oder verschwinden bei einem Erdbeben.

Es gibt noch zwei weitere gute Gründe, sich über die exakte Zahl der Inseln nicht den Kopf zu zerbrechen: Die allermeisten Eilande sind winzig klein (nur 5% haben eine Fläche von mehr als 2,5 km^2), und nur ein gutes Drittel der Inseln (2773) ist würdig, einen eigenen Namen zu tragen.

Um die Entstehung des Archipels, der im Norden bis auf etwa 100 km an Taiwan, im Süden bis vor die Küsten Borneos reicht, rankt sich eine alte philippinische Legende. Nach dieser soll sich vor langer Zeit ein gewaltiger Kontinent von Japan bis nach Borneo erstreckt haben. Dort, wo heute die Philippinen liegen, lebten auf ihm angeblich die beiden Riesen Angla und Angarab, Kolosse, unter deren Schritten die Erde erbebte. Ihr einziger Zeitvertreib bestand darin, Muscheln zu sammeln. Eines Tages,

▲ *Spanischem Kulturerbe begegnet man auf den Philippinen überall, auch in den Ausdrucksformen traditioneller Tänze.*

als sie sich in der Gegend der heutigen Sulu-Inseln wieder ihrem Steckenpferd widmeten, entdeckten sie herrliche Perlaustern. Die Muscheln waren so schön, daß die beiden Riesen über ihren Fund in Streit gerieten und ein heftiger Kampf entbrannte. Er wurde mit solch wilder Gewalt geführt, daß bei den Fußtritten ganze Landstücke im Meer versanken und durch Seitenhiebe Bergketten aufgefaltet wurden.

Einer weniger sagenumwobenen Lesart zufolge sind die Philippinen Teile aus dem Meer emporgetauchter Gebirgsketten und durch häufige Erdbeben und tätige Vulkane gekennzeichnet. Die Verschiebungen innerhalb der Erdkruste sind hier so stark, daß man die Hebung mancher Gebirge mit empfindlichen Instrumenten sogar messen kann. Die Auswirkungen der Eruptionen sind mitunter verheerend. Im Sommer 1991 spie der 1462 m hohe Pinatubo Feuer und Dampf. Viele hundert Tote und über hunderttausend Obdachlose waren die traurige Bilanz dieser Naturkatastrophe.

Die Philippinen ziehen sich rund 1850 km weit von den inneren Tropen bis fast zum Nördlichen Wendekreis. Der 200–500 km breite Archipel bildet mit seinen Inseln, Eilanden und ungezählten Riffen einen Irrgarten, in dem selbst geübteste Seefahrer die Orientierung verlieren können. Diese Erfahrung machte auch der portugiesische Weltumsegler Ferdinand Magellan, der sich in tropischen Gewässern durchaus auskannte, denn er hatte bereits an verschiedenen portugiesischen Expeditionen nach Südostasien teilgenommen. Sein Plan, die Gewürzinseln auf dem Westweg zu erreichen, fand das Interesse des spanischen Königs Karl V. Am 20. September 1519 lief eine Flotte von fünf Schiffen unter dem Kommando Magellans von Sanlúcar de Barrameda bei Cádiz aus. Die kleine Armada erreichte im Januar 1520 die La-Plata-Mündung, wo sie vergeblich nach einer Westdurchfahrt suchte, und überwinterte dann in Patagonien. Am 21. Oktober 1520 entdeckte Magellan die Einfahrt der nach ihm benannten Meeresstraße, durchsegelte sie in fünf Wochen und erreichte im Spätherbst 1520 ein Meer, dem er wegen der gleichmäßigen, stetigen Winde den seither gültigen Namen „Pazifischer Ozean", das heißt der „stille", der „friedliche Ozean", gab.

Die Schiffsreise selbst verlief nicht ganz so friedlich und war von Meuterei, Desertion einer ganzen Schiffsbesatzung, Skorbut, Hunger, Durst und Seuchen geprägt. Die Überlebenden konnten sich erst auf den Marianen, welche die Flotte im März 1521 erreichte, mit Lebensmitteln und Wasser versorgen. Am 16. Tag dieses Monats kamen die Philippinen in Sicht; vor der Insel Cebu ging Magellan vor Anker. Bald nach der Landung brachen Streitigkeiten mit den Eingeborenen aus, und im April 1521 wurde Ferdinand Magellan auf der Cebu vorgelagerten Insel Mactan im Kampf mit den Insulanern getötet.

Die Männer, die das Gefecht überlebt hatten, kehrten über Borneo, die Molukken, das Kap der Guten Hoffnung und die Kapverden am 6. September 1522 nach Spanien zurück. Von der Flotte war nur ein einziges Schiff, die *Victoria*, übriggeblieben, und die Besatzung war auf 18 Mann zusammengeschrumpft. Sie waren die ersten Menschen, welche die Welt umsegelt hatten.

Was haben die Philippinen mit dieser bahnbrechenden Reise zu tun? Nun, durch den Kontakt mit den Europäern kamen ihre Bewohner zunächst mit der spanischen und später dann mit der lateinamerikanischen Kultur in Berührung. Die Filipinos wurden katholische Christen, und 333 Jahre lang (von 1565 bis 1898) stand der Archipel unter spanischer Kolonialherrschaft.

Der philippinische Archipel

Ein Inselreich voller Kontraste

Die erste Insel der heutigen Philippinen, die der Weltumsegler Magellan sichtete, war das stark bewaldete Samar, eine der elf Inseln,

▶ *Zwölf aktive Vulkane gibt es auf den Philippinen, die auf dem „Feuerring der Erde" liegen. Der ebenmäßig geformte Kegel des Vulkans Mayon (2462 m) im Süden von Luzon ist einer der schönsten Berge der Erde.*

MORNING STAR

▲ *Eine Bootsfahrt durch die Pagsanjanschlucht bis zu den 30 m hohen Magdapiowasserfällen gehört zu den Touristenattraktionen in der Umgebung von Manila.*

die, an der Flächengröße und der Einwohnerzahl gemessen, die Inselwelt zwischen dem Südchinesischen Meer und der Philippinensee beherrschen. Dazu gehören außerdem die beiden Hauptinseln Luzon und Mindanao, die rund zwei Drittel der Landesfläche umfassen, sowie die Inseln Mindoro, Masbate, Panay, Negros, Cebu, Bohol, Leyte und Palawan.

Auf den Inseln lebt ein buntes Völkergemisch. Die Zahl der Völker, Sprachen und Kulturen, die hier auf engem Raum aufeinanderstoßen, ist selbst für südostasiatische Verhältnisse erstaunlich groß. Völkerkundler haben fast 90 einheimische Sprachen und Dialekte gezählt; Amtssprachen sind Pilipino (seit 1946 Nationalsprache) sowie Englisch und Spanisch. Es gibt insgesamt elf Schriftsprachen, die über größere Regionen

▶ *Nirgendwo auf den Philippinen prallen die Gegensätze zwischen Arm und Reich so hart aufeinander wie in der Hauptstadt Manila. Das Hafengebiet gilt als der größte Slum Südostasiens – eine Folge des explosionsartigen Bevölkerungswachstums und der Verelendung breiter Schichten.*

▲ *Muscheln und Korallen, die in den tropischen Gewässern rund um die Philippinen reichlich vorkommen, liefern Souvenirs für Touristen.*

verbreitet sind. Als Ureinwohner des Archipels gelten vormalaiische und altmalaiische Völker, die, wie fast überall in Südostasien, von späteren Einwanderern in Randgebiete abgedrängt wurden. Es kamen vor allem Jungmalaien, aber auch Inder, Chinesen, Araber, Spanier und schließlich Amerikaner. Das katholische Christentum ist zweifellos ein starkes Band zwischen den meisten Einwohnern, andererseits bildet es eine religiöse Barriere zwischen der christlichen Mehrheit und den *Moros*, wie die philippinischen Moslems genannt werden. Seit dem Ende des 14. Jh. hat die Lehre des Propheten auf einigen Inseln Anhänger gefunden, hauptsächlich auf den Sulu-Inseln, im Südwesten Mindanaos und auf Palawan. Der Bevölkerungsanteil der Moslems beträgt insgesamt etwa 4,3 %; sie machen immer wieder mit Forderungen nach Autonomie der von ihnen besiedelten Provinzen und seit den 70er Jahren auch mit einem blutigen und oft grausam geführten Guerillakrieg von sich reden.

Das Bild der Naturlandschaften ist äußerst kontrastreich. Allein etwa 900 Orchideenarten gedeihen in diesem tropischen Paradies, dazu Tausende anderer Pflanzenarten wie die intensiv duftende *Sampaguita*, die Nationalblume der Republik, oder die *Niog niogan*, eine Blume, die von Tag zu Tag ihre Farbe wechselt. Vom Vulkanismus, der mit nährstoffreichen Aschen die Bodenqualität auf vielen Inseln entscheidend verbessert hat, bemerkt der Besucher im allgemeinen nur ein paar Dampf- und Schwefelquellen. Die Ausbrüche der philippinischen Vulkane, die sich im Abstand von einigen Jahren immer wieder ereignen, sollte man besser aus

◀ *Die eleganten Auslegerboote der früher als Piraten gefürchteten Samal im Sulu-Archipel dienen heute der Fischerei und Küstenschiffahrt.*

▶ *Die Philippinen sind eines der bedeutendsten südostasiatischen Fischereiländer. Fisch ist für die Filipinos ein Grundnahrungsmittel.*

sicherer Entfernung beobachten, denn sie sind von besonders explosiver Art und fordern nicht selten zahlreiche Menschenleben. Mehrmals im Jahr, vorwiegend zwischen Juli und November, rasen Taifune, tropische Wirbelstürme, über die Inseln hinweg und verwüsten mit Windgeschwindigkeiten von 200 km/h und enormen, sintflutartigen Regenfällen ganze Landstriche.

Manila, die an der gleichnamigen Meeresbucht der Insel Luzon gelegene Hauptstadt der Republik, liegt in einer von Wirbelstürmen besonders häufig heimgesuchten Zone. Die Einwohner der Stadt begegnen den Naturgewalten mit erstaunlicher Kaltblütigkeit und einer gewissen Routine. In der Regel bleibt noch Zeit, die nötigsten Vorkehrungen zu treffen, denn Radio und Fernsehen informieren laufend über die Zugrichtung der Taifune. Fenster und Türen der Häuser nahe der Küste werden bei Gefahr sorgfältig geschlossen und zusätzlich mit ein paar Brettern gesichert. Wenn die ersten Böen als Vorboten des Sturms die Palmen am Strand

▲ *Aus der spanischen Kolonialzeit stammt auch die Malatekirche im gleichnamigen Stadtteil.*

▲ *Manila: In der San-Agustín-Kirche hat der spanische Eroberer Miguel López de Legaspi seine letzte Ruhestätte gefunden.*

peitschen, „stemmt sich die ganze Stadt gegen den Wind". Nach dem Unwetter begutachtet man die Schäden. Sie sind in den Elendsvierteln mit ihren notdürftig zusammengezimmerten Bretterbuden natürlich am schlimmsten.

In solchen Situationen lernt man die Gelassenheit und Liebenswürdigkeit der Filipinos, die selbst im Unglück noch lächeln können, am meisten schätzen. Zu der angenehm menschlichen Atmosphäre, die auf den Philippinen herrscht, trägt mit Sicherheit auch das geradezu vorbildlich anmutende Verhältnis der Geschlechter zueinander bei, zumindest sind der Männlichkeitswahn und die Frauenverachtung, die man in vielen Ländern Asiens beobachten kann, den Filipinos fremd. Die Position der Frauen innerhalb der Gesellschaft ist hier im Gegenteil ausgesprochen stark, und so ist es sicherlich kein Zufall, daß die Republik der Philippinen derzeit von einem weiblichen Staatspräsidenten regiert wird. Corazon Aquino, die Witwe des im Jahr 1983 ermordeten Oppositionsführers Benigno Aquino, leitet seit 1986 die Geschicke der Republik. Sie löste Präsident Marcos ab, dessen korrupte Staatsführung entscheidend zur Verelendung breiter Massen geführt hatte.

Manila – früher und heute

Von Intramuros zu Metro-Manila

Die Hauptstadt Manila ist nicht nur das Verwaltungs-, Wirtschafts-, Industrie- und Kulturzentrum des Inselstaats, sondern auch eine faszinierende Stadt voller Gegensätze. Hier findet man Fischerdörfer, Slums, Geschäftsviertel, eine Chinesenstadt und Villen von Milliardären wie etwa im Forbes Park in unmittelbarer Nachbarschaft. Die Metropole hat in nordsüdlicher Richtung eine Ausdehnung von 45 km, in westöstlicher Richtung von 25 km und schließt 16 weitere, vormals selbständige Städte, darunter Quezon City, Caloocan City und Pasay City, ein. Dieses riesige Ballungszentrum trägt den offiziellen Namen „Metropolitan Manila Area" und wird kurz „Metro-Manila" genannt. Die Stadt ist relativ arm an kunsthistorischen Sehenswürdigkeiten, dafür aber kann sich ihr kulturelles Angebot sehen lassen.

In einer Stadt, deren historischer Kern durch mehrere Erdbeben und in den letzten Tagen des Zweiten Weltkriegs durch die Kämpfe zwischen Japanern und Amerikanern praktisch dem Erdboden gleichgemacht wurde, gelten Bauten, die Anfang dieses Jahrhunderts entstanden sind, bereits als Kulturdenkmäler. Die Befestigungsanlagen des alten Stadtkerns, *Intramuros* (innerhalb der Mauern) genannt und im Krieg ebenfalls schwer beschädigt, schließen auch das an der Mündung des Pasigflusses gelegene Fort Santiago mit ein. Es diente während des Zweiten Weltkriegs den Japanern als Gefängnis für philippinische und amerikanische Kriegsgefangene. In den teilweise unter dem Meeresspiegel liegenden Zellen fanden viele Widerstandskämpfer einen qualvollen Tod. Heute ist das Fort eine nationale Gedenkstätte.

Die Kirche San Agustín, das älteste steinerne Gotteshaus auf den Philippinen, überstand auch den Zweiten Weltkrieg fast unbeschädigt. Sie wirkt wie die anderen altspanischen Kirchen des Archipels gedrungen und trutzig, aber die massive Bauweise war als Schutz vor Erdbeben notwendig. Die an der Wende vom 16. zum 17. Jh. auf den Fundamenten älterer Holzbauten errichtete Kirche entspricht in ihrem schlichten Barockstil den meisten anderen spanischen Sakralgebäuden auf den Philippinen. Für die Spanier war der Archipel, dessen Vorkommen an Gold und Silber nicht mit denen Lateinamerikas zu vergleichen war, eine Kolonie zweiter Ordnung, in der nur einige tausend Spanier lebten. Die großen spanischen Baumeister, wel-

▶ *Auf den Straßen von Jolo, dem Verwaltungszentrum des Sulu-Archipels, wurden die Fahrradrikschas noch nicht ganz von Motorfahrzeugen verdrängt.*

▲ *Die* Jeepneys *sind das beliebteste Verkehrsmittel auf den Philippinen. In schreienden Farben bemalt und mit allerlei Zierat geschmückt, befördern diese auf die Fahrgestelle von Jeeps montierten Taxibusse oft mehr als zwei Dutzend Fahrgäste gleichzeitig.*

che die Städte Lateinamerikas mit Gotteshäusern schmückten, blieben den Philippinen fern. Daher hat die Kirchenarchitektur auf den Inseln aus kunsthistorischer Sicht bestenfalls Durchschnittsniveau.

Bei genauerem Hinschauen entdeckt man in den Kirchen auch einheimische Stilmerkmale. So zeigt z. B. das Portalrelief der 1797 vollendeten Kirche von Miagao auf der Insel Panay den heiligen Christophorus als Träger des Jesuskindes inmitten tropischer Vegetation. Diese wuchtig-gedrungene Kirche ist ein besonders eindrucksvolles Beispiel für den „Erdbeben-Barockstil" der Sakralbauten auf den Philippinen. Tausende von Kilometern von Sevilla und Zaragoza entfernt, schuf man hier eine eigene Variante des spanischen plateresken Stils für verschwenderisch verzierte Fassaden und Portale.

Dieser Schmuckstil der spanischen Spätgotik hat heute noch zahllose Anhänger auf den Philippinen, allerdings weniger im Zusammenhang mit der Kirchenarchitektur als vielmehr bei der Dekoration von Autos. Gemeint sind die *Jeepneys*, buntbemalte, mit Spiegeln und allerlei Zierat geschmückte Sammeltaxis, die aus dem philippinischen Straßenverkehr nicht wegzudenken sind. Wie der Name verrät, stammen Fahrgestell, Motor und Getriebe dieser originellen Vehikel von Jeeps, wohingegen die Karosserie von einheimischen Handwerkern gefertigt wurde. Vielleicht sollte man statt „Handwerker" doch besser „Künstler" sagen, denn viele Jeepneys sind geradezu Meisterwerke an Originalität.

Eine verschwenderische Natur

Vulkane, Wasserfälle und Urwälder

„Und wo bleiben die Vulkane?" hört man oft Touristen fragen. Nun, in weniger als einer Stunde ist man von Manila mit dem Auto am Vulkan Taal, mit knapp 400 m Höhe zwar ein Vulkan im Westentaschenformat, aber deshalb nicht weniger gefährlich. Bei seinen Ausbrüchen in den Jahren 1911 und 1965 kamen jeweils über 1000 Menschen ums Leben. Der kleine Vulkankegel ragt aus dem Taalsee, der eine Caldera füllt. Seinen letzten größeren Ausbruch erlebte der kleinste aktive Vulkan der Welt 1976; er ist, wie die Dampf- und Schwefelquellen zeigen, im Innern noch glühend heiß, und Touristen,

▶ *Vom altmalaiischen Bergvolk der Ifugao in jahrhundertelanger Arbeit angelegt: die berühmten Reisterrassen von Banaue im nördlichen Bergland der Insel Luzon, zweifellos ein Weltwunder besonderer Art*

▲ *Fast 90 einheimische Sprachen und bedeutendere Dialekte kennzeichnen die Zersplitterung der philippinischen Bevölkerung in zahlreiche Volksgruppen. Das Foto zeigt einen jungen Mann vom Bergvolk der Bontok im Norden Luzons.*

welche die Vulkaninsel mit dem Boot umrunden, dürfen den Feuerberg im allgemeinen nicht betreten.

Die Wasserfälle von Pagsanjan, die am Ende einer engen Schlucht etwa 30 m hinabstürzen, sind ein weiteres Naturwunder auf Luzon. Der Ausflug dorthin ist eine im wahrsten Sinn des Wortes feucht-fröhliche Angelegenheit: Zunächst fährt man mit Booten den Fluß hinauf, dann steigen die Besucher auf Flöße aus Bambusstangen um, die bis unter die Fälle fahren. Wer dann noch nicht durchnäßt ist, macht spätestens auf dem Rückweg, wenn es gilt, 14 Stromschnellen zu überwinden, mit dem lehmbraunen Flußwasser nähere Bekanntschaft.

Von Manila lohnt sich ein Abstecher zu dem kleinen Ort Las Piñas, in dem die einzige Bambusorgel der Welt steht. Sie wurde von dem spanischen Priester Diego Cera gebaut, der sich auch als Musiker und Architekt betätigte. Da der findige Geistliche kein

▶ *Die kleinen Siedlungen der Ifugao im zentralen Hochland von Luzon bestehen aus Pfahlbauten, deren Dächer mit Reisstroh gedeckt sind.*

▶ ▶ *Die Ifugao weben den roten Baumwollstoff ihrer traditionellen Tracht noch selbst.*

▲ *Die Kalinga, ein altmalaiisches Bergvolk im äußersten Norden von Luzon, haben ihre althergebrachte Stammeskultur teilweise noch bewahrt. Kunstvolle Tätowierungen wie auf den Armen dieser jungen Frau haben bei den Kalinga eine lange Tradition.*

anderes Material zur Verfügung hatte, war er gezwungen, auf Bambus zurückzugreifen. Die über 5 m hohe Orgel ist in der Kirche San José seit dem Jahr 1821 in Gebrauch und wurde 1973 von deutschen Orgelbauern generalüberholt.

Ein Völkermosaik

Die Bergstämme und Altvölker

Wie viele verschiedene Völker auf den Philippinen zusammenleben, erkennt man bei einem Bummel durch die Hauptstraßen Manilas auf den ersten Blick. Wer mehr über die Völker und Kulturen des Inselstaats erfahren möchte, kann sich in Metro-Manila bei den folgenden vier Einrichtungen informieren: dem Nationalmuseum, dem Cultural Center Complex, dem *Pistang Pilipino*, einem großen Markt mit philippinischem Kunsthandwerk aus allen Landesteilen, und schließlich im *Nayong Pilipino*, dem direkt am Flughafen gelegenen, 35 ha großen „Philippinischen Dorf", einem sehr beeindruckenden Freilichtmuseum mit Nachbildungen philippinischer Landschaften und Siedlungen aus allen Teilen des Archipels. Die Volkskulturen der Philippinen, in europäischen Museen nur dürftig repräsentiert, werden hier mit einer Fülle von Objekten vorgestellt: Kultgegenständen der Völker im Norden Luzons, hervorragenden Bronzen aus dem Sulu-Archipel, Flechtarbeiten von den Visayaninseln. Keines der wenigen kleinen Provinzmuseen zeigt eine derart große und bedeutende Anzahl von sehenswerten und repräsentativen Exponaten.

◄ *Trophäenschau: Obwohl der Kopfjagd in den letzten Jahrzehnten erfolgreich entgegengetreten werden konnte, wird sie bei bestimmten philippinischen Bergvölkern in Einzelfällen noch immer praktiziert.*

Während man sich über die Kultur der Völker in den Museen der Hauptstadt leicht informieren kann, lernt man die Völker selbst erst nach langen Fahrten in oft schwer zugängliche, abgelegene Gebiete kennen. Je ursprünglicher die Lebensweise dieser Völker ist, um so schwieriger ist es, mit ihnen Kontakt aufzunehmen. Insgesamt werden knapp 10% oder 5 Mio. Einwohner der Philippinen zu den ethnischen Minderheiten gezählt.

In abgelegenen Waldgebieten Luzons leben die kleinwüchsigen, kraushaarigen und dunkelhäutigen *Negritos*, die „Negerchen". Sie bestreiten ihren Unterhalt in den Urwäldern meist noch als Jäger und Sammler. Ihr einziges Kleidungsstück ist ein Lendenschurz aus Pflanzenfasern. Ebenso wie die Ifugao, Kalinga oder Tinggian, alle mit einer langen Tradition als Kopfjäger, pflegten auch die Negritos bis vor kurzem noch den Brauch, ihre Zähne spitz zu feilen. Die Kopfjagd war mindestens bis zum Beginn dieses Jahrhunderts an der Tagesordnung und wurde von fast allen Stämmen praktiziert; während des Zweiten Weltkrieges erlebte sie im Dschungelkampf gegen die Japaner eine neue Blütezeit. Obwohl es gelang, sie in den letzten Jahrzehnten erfolgreich einzudämmen, ist sie bis zum heutigen Tag nicht völlig abgeschafft.

Der Sammelname für die im Bergland der Insel Luzon lebenden Stämme ist Igorot. Zu ihnen gehören auch die Stämme der Apayo, Bontok, Ifugao und Kalinga. Durch die geographisch bedingte Abgeschiedenheit des zentralen Hochlandes haben sie bis heute in hohem Maß ihre kulturellen Eigenheiten bewahrt. In ihren Lebens- und Wirtschaftsgewohnheiten weisen sie gewisse Ähnlichkeiten auf: Sie sind seßhaft, und ihre Lebensgrundlage ist die Landwirtschaft. Die dörflichen Gemeinschaften, in denen sie leben, haben ein gut funktionierendes Sozialsystem. Die Gerichtsbarkeit liegt bei dem „Rat der Ältesten", der auch Probleme des Alltags, wie etwa die gerechte Verteilung des Wassers, berät und entscheidet.

Am besten sind die Gebräuche der Ifugao und der Apayao bekannt. Ihre Siedlungsgebiete in Nordluzon erreicht man von Baguio aus, im Sommer der beliebteste Ausflugsort der Philippinen, da die in rund 1500 m Höhe gelegene Stadt auch während der heißen Jahreszeit ein angenehmes Klima hat.

Die Ifugao sind die Erbauer der berühmten Reisterrassen von Banaue, die sich in Höhen zwischen 500 und 1500 m wie Treppenstufen die Steilhänge hinaufziehen. Wunder brauchen bekanntlich ihre Zeit, und an diesem „Achten Weltwunder" haben die Ifugao jahrhundertelang hart gearbeitet. Die ältesten Terrassen sind über 2000 Jahre alt, die Gesamtlänge der Terrassenmauern beträgt inzwischen etwa 20 000 km. Und die Arbeit nimmt kein Ende, denn durch die Monsunregen rutschen die durchfeuchteten Erdmassen immer wieder die Hänge hinab, und die fruchtbare Bodenkrume wird abgespült. Wie seit Jahrhunderten schleppen die Ifugao die Erde in Körben, die sie auf den Köpfen tragen, dann wieder die Hänge hinauf – eine wahre Sisyphusarbeit.

Auf Mindanao, nach Luzon die zweitgrößte Insel der Philippinen, leben neben den Moros verschiedene Altvölker wie die Mandaya oder Mansaka. Die ehemaligen Kopfjäger sind ihren alten Stammeskulten treu geblieben. Weder das Christentum noch der Islam hatten unter ihnen in größerer Zahl Anhänger gefunden. Auf den Märkten sind diese philippinischen „Hinterwäldler" an ihren blauen, mit kunstvollen Stickereien verzierten Hosen sowie den schwarzgefärbten Zähnen zu erkennen.

▲ *In den Dschungeln Mindanaos leben verschiedene primitive Stämme. Zu ihnen gehören auch die – aus ethnologischer Sicht umstrittenen – Tasaday, die als Jäger und Sammler in Grotten hausen.*

Die Tasaday

Theater im Urwald?

1971 sorgte eine Entdeckung für Aufregung in Ethnologenkreisen: In den Bergdschungeln des Hochlandes von Tiruray auf Mindanao war ein bisher unbekannter Stamm angetroffen worden, dessen Mitglieder sich auf der Kulturstufe der Jungsteinzeit befanden und noch in Höhlen lebten. Berichte von Forschern vieler Nationalitäten, die auf die Sensationsmeldung hin schleunigst nach Mindanao aufgebrochen waren, bestätigten zunächst die Nachricht. Tatsächlich schien bei den Tasaday das Rad der Geschichte vor einigen tausend Jahren stehengeblieben zu sein. Sie leben wie die Menschen des Neolithikums, fertigen einfache Werkzeuge aus Steinen an, sammeln ihre Nahrung im Urwald und machen Feuer, indem sie zwei Holzstücke aneinander reiben. Nur 24 Menschen zählte der kleine Stamm bei seiner Entdeckung – eher eine Sippe von Männern, Frauen und Kindern, die in den Grotten einer Felswand Schutz vor der Witterung suchen.

Scheinbar hatte sich keiner der Tasaday je in seinem Leben mehr als ein paar Kilometer von der Felswand entfernt. Als man sie eines Tages an den Rand des Urwalds brachte, versetzte sie das ebene, waldlose Land in Angst und Schrecken. Ihre „Kleidung" besteht nur aus Blättern, sie ernähren sich von Wurzeln, Beeren, Insektenlarven, Schnekken und Krebsen, die sie in den Flüssen fangen. Zwei Stunden am Tag reichen aus, um genügend Nahrung zu sammeln. Ehen werden bei ihnen nicht geschlossen, ein Paar, das sich gefunden hat, bleibt einfach ein Leben lang zusammen.

Die philippinische Regierung erklärte den Lebensraum der Tasaday zum Reservat, zu dem jeglicher Zutritt streng verboten war. Es dauerte allerdings nicht lange, bis Zweifel an der Echtheit der völkerkundlichen Sensation laut wurden. 1986 begannen Ethnologen zu mutmaßen, die Entdeckung der Tasaday

◀ *Angeblich wurden die Tasaday 1971 als ein kleiner, steinzeitlich lebender Stamm entdeckt.*

▲ *Manila: In den Gärten des Präsidentenpalasts führt eine Tanzgruppe einen Singkiltanz auf. Die Tänzer und Tänzerinnen springen dabei über gekreuzte Bambusstangen.*

sei – aus welchen Gründen auch immer – von staatlicher Seite inszeniert worden und die Stammesmitglieder „spielten" nur Steinzeitmenschen. Reines Theater also? Der Streit der Experten dauert an.

Das Land der Feste

Jedem Heiligen gebührt ein eigenes Fest

Auf den Philippinen gibt es so viele Feste wie Heilige, und das Land besitzt fast so viele Heilige, wie das Jahr Tage hat. Auf diesem Archipel, auf dem die Geschichte nur wenige Spuren hinterlassen hat, haben gerade die Feste eine große Bedeutung für eine Kultur, in der unter dem dünnen spanischen Anstrich viele heidnische Bräuche zutage treten. Vielleicht hängt es gerade mit dieser Erscheinung zusammen, daß die philippinische Kultur so lebendig, spontan und glücklicherweise noch nicht kommerzialisiert ist. In Manila trägt man am Karfreitag den sogenannten Black Nazarene, eine schwarze Christusfigur, die in Mexiko von Indianern gefertigt wurde, in einer großen Prozession durch die Straßen des Stadtviertels Quiapo. In Kalibo auf Panay wird alljährlich am dritten Januarwochenende das Fest *Ati-Atihan* gefeiert, das bedeutendste und spektakulärste Festival der Philippinen – eine einzige Explosion temperamentvoller Ausgelassenheit, bei dem buntkostümierte Tanzgruppen durch die Straßen ziehen. Drei Tage lang feiern Einheimische und Gäste so den Jahrestag eines im 13. Jh. zwischen den Negritos und Malaien geschlossenen Friedensvertrages.

Die kleine Insel Marinduque zwischen Mindoro und Luzon ist durch ihre Passionsspiele bekannt. Am eindrucksvollsten sind die Spiele, welche die Bekehrung und den gewaltsamen Tod des Zenturios Longinus darstellen. Der römische Offizier gilt als der erste Heide, der sich zum Christentum bekannte. Er öffnete nach der Kreuzigung Jesu dessen Seite mit der Lanze, worauf ein Blutstrahl sein erblindetes Auge traf und ihm das Sehvermögen zurückgab. Seine Hinrichtung ist der Höhepunkt der Spiele.

Vielfältige Tafelfreuden

Ein Volk von Feinschmeckern

Zu den Festen gehören Musik und Tanz, aber natürlich auch gutes Essen. Die Speisen und Getränke, die dann auf den Tisch kommen, zeigen, welche fremden Einflüsse die philippinische Kultur im allgemeinen und die Gastronomie im besonderen prägten.

Der Einfluß Spaniens auf die philippinische Küche ist so groß, daß sogar die chinesischen Wirte ihre Speisekarten in Spanisch schreiben. Man muß schon ein sprachkundiger Feinschmecker sein, um zu erraten, welche chinesischen Leckerbissen sich hinter Namen wie *Aletos de tiburón con agridulce*, *Camarón huevitas con gulay* oder *Tortilla de cangrejo* verbergen.

In einer typisch philippinischen Mahlzeit spiegelt sich die Verschmelzung der verschiedenen Eßkulturen deutlich wider. In einem Buch wird z.B. die Henkersmahlzeit eines zum Tode verurteilten Gefangenen erwähnt: *Lechón* (Schweinebraten), *Sugpos* (Garnelen), *Relyenong bangus* (gedünsteter Fisch), *Pancit canton* (gebratene chinesische Nudeln), Brathähnchen, Schinken, Früchte der Saison.

Kenner der philippinischen Küche werden sich wundern, daß der Feinschmecker in seiner letzten Stunde auf *Adobo* verzichtet hat. Diese philippinische Spezialität besteht aus kleingeschnittenem Hühner- und Schweinefleisch, das in Essig mariniert und anschließend in Sojasoße mit Knoblauch und Fett gedünstet wird. Dazu reicht man den traditionellen Reis und *Atsara*, einen Sud aus Papayas, Schalotten, Möhren und rotem Pfeffer. Adobo kann man aber auch aus Tintenfischen, Austern, Geflügel oder Gemüse zubereiten.

An den kleineren Inseln des Archipels sollte die kulinarische Entdeckungsreise nicht vorbeiführen, denn ihre typischen Gerichte erhalten durch einheimische Produkte die besondere Würze. In den Provinzen Bicol und Tagalog im Süden Luzons verwendet man z.B. viel Kokosnußmilch und geriebene Kokosnuß. Die auch in Spanien als kleine Zwischenmahlzeit gereichten *Tapas* (Appetithappen) bereiten die Pampanga aus Rind- und Pferdefleisch zu, Süßspeisen aus Klebreis sind die Spezialität von Bulacan; die Ilocano wiederum kennen nicht weniger als 20 verschiedene Arten, Ziegenfleisch zuzubereiten.

Bei den Getränken spielen die Filipinos in Südostasien eine krasse Außenseiterrolle, denn sie trinken nicht wie ihre Nachbarn zu jeder Tages- und Mahlzeit Tee, sondern Kaffee und Schokolade – eine der vielen Sitten, die von den Lateinamerikanern übernommen wurden. Lateinamerika hat mit tropischen Nutzpflanzen wie Mais, Süßkartoffeln, Maniok, Erdnüssen, Ananas und Kakao die philippinische Küche überhaupt um manche Köstlichkeit bereichert.

Inselspringen

Inseln, die einen Besuch lohnen

Wer die Philippinen genauer kennenlernen möchte, braucht viel Zeit. Nicht nur weil Zeit für die Filipinos überhaupt keine Rolle spielt, sondern vor allem, weil es so viele sehenswerte Inseln gibt: kleine und große, dicht besiedelte und menschenleere, flache und gebirgige. Am Ausgang der Manilabucht liegt eine der interessantesten: das felsige, nur 8 km² große Eiland Corregidor. Es wurde von den Amerikanern zu einer waffenstarrenden Festung ausgebaut, die zu Beginn des Zweiten Weltkriegs monatelang schweren Angriffen der Japaner standhielt. Heute ist Corregidor nationale Gedenkstätte, die an den gemeinsamen Kampf amerikanischer und philippinischer Truppen im *Pacific War*, wie der Zweite Weltkrieg hier genannt wird, erinnert. Die winzige Insel Mactan vor der Ostküste Cebus erinnert ebenfalls an eine Schlacht, die allerdings schon über 450 Jahre zurückliegt. Hier fand das Gefecht zwischen den spanischen Eroberern und den Insulanern statt, bei dem Ferdinand Magellan am 27. April 1521 fiel. Ihm zu Ehren wurde ein Denkmal errichtet. Bezeichnenderweise heißt die Inselhauptstadt jedoch Lapu-Lapu City; Lapu-Lapu war der Name des heute als Freiheitsheld verehrten Häuptlings, der Magellan erschlug.

Samar, das Magellan als erste der philippinischen Inseln sichtete, erhält heute kaum noch Besuch aus Europa. Dabei bietet das nur dünn besiedelte Eiland mit seinen Höhlen, Wasserfällen und Regenwäldern größtenteils noch unverfälschte Natur.

Die Hauptattraktionen der Insel Mindanao, die fast so groß ist wie Luzon, sind der Mount Apo (2965 m), der höchste Berg der Inselrepublik, sowie der Mount Ragang, mit 2815 m der höchste aktive Vulkan des Archipels. Weitere Anziehungspunkte sind die knapp 60 m hohen María-Cristina-Wasserfälle, die im äußersten Südwesten der Halbinsel gelegene „Blumenstadt" Zamboanga mit ihrem kolonialspanischen Flair und nicht zuletzt die für philippinische Verhältnisse ungewöhnlich artenreiche Pflanzen- und Tierwelt der Insel.

Bohol, inmitten der Mindanaosee gelegen, wartet mit einer einzigartigen Landschaft auf: den Chocolate Hills (Schokoladenbergen), gleichmäßig kegel- oder halbkugelförmigen Erhebungen. Das Gras auf ihren Flanken, das sich in der Trockenzeit braun verfärbt, gab den Schokoladenbergen den Namen. Negros, die „Zuckerinsel" des Archipels, besitzt durch endlose Zuckerrohrfelder über weite Strecken ein recht eintöniges Landschaftsbild. Das vulkanische Bergland im Innern ist dagegen landschaftlich sehr abwechslungsreich und bietet mit seinen von kalten Quellen gespeisten Bädern und schwefelhaltigen Thermalquellen im Erholungsort Mamliucal Badefreuden für jeden Geschmack. Auf Panay, der westlichsten der Inseln des Visayanarchipels, blieben eindrucksvolle Bauten aus der Kolonialzeit erhalten, darunter die trutzige Barockkirche in Miagao. Das Museo Iloilo in der gleichnamigen Stadt gilt als das bedeutendste Museum außerhalb Luzons. Mindoro liegt gewissermaßen vor der Haustür Manilas, ist aber noch kaum erschlossen und beherbergt neben anderen seltenen Tierarten wilde Wasserbüffel. Noch ursprünglichere Landschaften kann man auf der langgestreckten Insel Palawan im Südwesten des Archipels erleben. Das „wilde" Palawan mit seiner üppigen Natur und traumhaft schönen Landschaft ist nicht nur ein lohnendes Reiseziel für Naturliebhaber, sondern auch für Wassersportler und Bergsteiger.

▲ *Als einziges Land in Südostasien haben die Philippinen eine überwiegend katholische Bevölkerung. Alle religiösen Feste werden mit Umzügen und aufwendigen Prozessionen gefeiert; im Bild die Black Nazarene Procession in Manilas Stadtteil Quiapo.*

Karten, Fakten, Zahlen

Indonesien

Fläche: 1919493 km²
Einwohner: 173 Mio.
Hauptstadt: Jakarta, 7,8 Mio. Einw.
Bedeutende andere Städte: Surabaya, 2,03 Mio. Einw.; Medan, 1,38 Mio. Einw.; Bandung, 1,46 Mio. Einw.
Staatsform: Präsidiale Republik
Währung: 1 Rupiah = 100 Sen
Bevölkerung: 90 % Malaien, 3 % Ureinwohner, 2,5 % Chinesen
Sprache: Indonesisch (Amtssprache), zahlreiche Regionalsprachen und -dialekte
Religion: Moslems 87 %, Christen 8,8 %, Hindus 3,5 %
Klima: Tropisches Monsunklima, Trockenzeit nur auf den Kl. Sundainseln. Durchschnittstemp. in Jakarta ganzjährig 27 °C
Bodenschätze: Erdöl, Erdgas, Zinn, Nikkel, Kupfer, Eisenerz, Gold, Silber, Bauxit
Hauptexportgüter: Erdöl, Erdgas, Kaffee, Tee, Tabak, Gewürze, Hartholz
Pro-Kopf-Einkommen ($ im Jahr): 530
Bevölkerungswachstum (% im Jahr): 2,1
Lebenserwartung: Männer 53, Frauen 56

Papua-Neuguinea

Fläche: 462840 km²
Einwohner: 3,9 Mio.
Hauptstadt: Port Moresby, 152900 Einw.
Bedeutende andere Städte: Lae, 79600 Einw.; Madang, 24700 Einw.; Wewak, 23200 Einw.; Goroka, 22000 Einw.; Mount Hagen, 13600 Einw.
Staatsform: Parlamentarische Monarchie
Währung: 1 Kina = 100 Toea
Bevölkerung: 83 % Papua, 16 % Melanesier, kleine chinesische, malaiische und weiße Minderheiten
Sprache: Englisch (Amtssprache), melanesisches Pidgin-Englisch, Papua-Sprachen
Religion: Christen 62 %, Naturreligionen
Klima: Tropisch-immerfeucht, nur im Süden Trockenzeit von Mai bis Okt. Durchschn. Temp. ganzjährig um 28 °C
Bodenschätze: Kupfer, Gold, Erdgas
Hauptexportgüter: Kupfer, Kaffee, Kakao, Kopra, Kautschuk, Holz
Pro-Kopf-Einkommen ($ im Jahr): 710
Bevölkerungswachstum (% im Jahr): 2,4
Lebenserwartung: Männer 53, Frauen 53

Malaysia

Fläche: 329 749 km²
Einwohner: 16,9 Mio.
Hauptstadt: Kuala Lumpur, 938 000 Einw.
Bedeutende andere Städte: Ipoh, 301 000 Einw.; George Town (Penang, Pinang), 251 000 Einw.
Staatsform: Föderalistische Wahlmonarchie auf parlamentarischer Grundlage
Währung: 1 Ringgit = 100 Sen
Bevölkerung: 61 % Malaien, 31 % Chinesen, 8 % Inder und Pakistani
Sprache: Malaiisch (Amtssprache), Chinesisch, Tamilisch
Religion: Moslems 52,9 %, Buddhisten 17,3 %, chinesische Volksreligionen 11,6 %, Hindus 7 %, Christen 6,4 %
Klima: Tropisch-immerfeucht mit Monsunregen zwischen Okt. und Febr. Durchschn. Temp. ganzjährig um 28 °C
Bodenschätze: Erdöl, Erdgas, Zinn, Bauxit
Hauptexportgüter: Erdöl, Mineralölprodukte, Palmöl, Kautschuk, Holz, Zinn
Pro-Kopf-Einkommen ($ im Jahr): 2050
Bevölkerungswachstum (% im Jahr): 2,6
Lebenserwartung: Männer 66, Frauen 70

Vietnam

Fläche: 329 556 km²
Einwohner: 64,41 Mio.
Hauptstadt: Hanoi, 2,88 Mio. Einw.
Bedeutende andere Städte: Ho-Chi-Minh-Stadt (früher Saigon), 4 Mio. Einw.; Haiphong, 1,4 Mio. Einw.
Staatsform: Kommunist. Volksrepublik
Währung: 1 Dong = 10 Hào = 100 Xu
Bevölkerung: 87 % Vietnamesen (Kinh), 2 % Chinesen (Hoa), 2 % Thai, zahlreiche Minderheiten
Sprache: Vietnamesich, Sprachen nationaler Minderheiten
Religion: Buddhisten 55,3 %, Christen 7,4 %, Taoisten, Konfuzianer
Klima: Tropisches Monsunklima mit Hauptregenzeit von April bis Okt. Durchschn. Temp. in Ho-Chi-Minh-Stadt ganzjährig um 27 °C

Bodenschätze: Steinkohle, Eisenerz, Chrom, Wolfram, Zink, Blei, Phosphat
Hauptexportgüter: Bekleidung, Textilien, Zigaretten, Medikamente, Bergbauprodukte, Krebse, Garnelen
Pro-Kopf-Einkommen ($ im Jahr): 202
Bevölkerungswachstum (% im Jahr): 2,4
Lebenserwartung: Männer 57, Frauen 62

Laos

Fläche: 236 800 km^2
Einwohner: 3,87 Mio.
Hauptstadt: Vientiane, 379 000 Einw.
Bedeutende andere Städte: Savannakhet, 53 000 Einw.; Luang Prabang, 46 000 Einw.

Staatsform: Demokratische Volksrepublik mit kommunistischer Einheitspartei
Währung: 1 Kip = 100 At
Bevölkerung: 56 % Lao Lum, 34 % Lao Theung, 9 % Lao Soung, chinesische und vietnamesische Minderheiten
Sprache: Lao, Französisch (Handelssprache)
Religion: Buddhisten 57,8 %, Stammesreligionen 33,6 %, verschiedene religiöse Minderheiten
Klima: Tropisches Monsunklima mit Hauptregenzeit im Sommer. Durchschn. Temp. in Vientiane im Jan. 21 °C, im Mai 28 °C
Bodenschätze: Zinn, Gips
Hauptexportgüter: Strom, Teakholz, Zinn, Kaffee, Tee, Gewürze, Opium (illegal)
Pro-Kopf-Einkommen ($ im Jahr): 95
Bevölkerungswachstum (% im Jahr): 2,6
Lebenserwartung: Männer 49, Frauen 52

Philippinen

Fläche: 300 000 km^2
Einwohner: 58,7 Mio.
Hauptstadt: Manila, Stadt 1,7 Mio. Einw., Metro-Manila 7,1 Mio. Einw.

Bedeutende andere Städte: Quezon City, 1,3 Mio. Einw.
Staatsform: Präsidiale Republik
Währung: 1 Philipp. Peso = 100 Centavos
Bevölkerung: 70 % Jungmalaien (Philippiner), 10 % Altmalaien, 10 % Chinesen, 10 % verschiedene Minderheiten
Sprache: Pilipino (Amtssprache), Englisch, Spanisch, malaiische Sprachen
Religion: Christen 93,8 %, Moslems 4,3 %
Klima: Tropisch; im Westen Trockenzeit im Winter, sonst immerfeucht. Durchschn. Temp. in Manila im Jan. 25 °C, im Mai 28,5 °C
Bodenschätze: Kupfer, Chrom, Silber, Gold, Eisenerz, Kohle, Erdöl
Hauptexportgüter: Elektroartikel, Kokosnüsse und -öl, Kopra, Holz, Erze, Zucker
Pro-Kopf-Einkommen ($ im Jahr): 600
Bevölkerungswachstum (% im Jahr): 2,5
Lebenserwartung: Männer 62, Frauen 65

Singapur

Fläche: 618 km^2
Einwohner: 2,7 Mio.
Hauptstadt: Singapur, 2,6 Mio. Einw.
Staatsform: Parlamentarische Republik
Währung: 1 Singapur-$ = 100 Cent
Bevölkerung: 76 % Chinesen, 15 % Malaien, 6,4 % Inder und Pakistani, 1,5 % Europäer

Sprache: Englisch (Amtssprache), Malaiisch, Chinesisch, Tamil
Religion: Taoisten 29,3 %, Buddhisten 26,7 %, Moslems 16,3 %, Christen 10,3 %
Klima: Tropisch mit Hauptregenzeit von Nov. bis Jan. Durchschn. Temp. ganzjährig um 27 °C
Hauptexportgüter: Mineralölprodukte, Büromaschinen, Fernsprechanlagen, Elektroartikel, Bekleidung, Schuhe
Pro-Kopf-Einkommen ($ im Jahr): 7420
Bevölkerungswachstum (% im Jahr): 1,1
Lebenserwartung: Männer 70, Frauen 75

Thailand

Fläche: 513 115 km^2
Einwohner: 54,5 Mio.
Hauptstadt: Bangkok, Stadt 5,5 Mio. Einw., Ballungsgebiet 8 Mio. Einw.
Bedeutende andere Städte: Chieng-Mai, 150 000 Einw.; Khon Kaen, 116 000 Einw.; Hat Yai, 114 000 Einw.; Nakhon Si Thammarat, 70 000 Einw.
Staatsform: Konstitutionelle Monarchie mit starkem Einfluß des Militärs
Währung: 1 Baht = 100 Stangs
Bevölkerung: 85 % Thaivölker (Siamesen, Schan, Lao), 8 % Chinesen, 4 % Malaien, Minderheiten von Mon und Khmer
Sprache: Thai
Religion: Buddhisten 95 %, Moslems 3,8 %, christliche Minderheiten
Klima: Tropisches Monsunklima mit Regenzeit von Mai bis Oktober. Im Landesinnern ausgeprägte winterliche Trockenzeit. Durchschn. Temp. in Bangkok im Dez. 25,7 °C, im April 30 °C
Bodenschätze: Zinn
Hauptexportgüter: Reis, Tapioka, Kautschuk, Mais, Zucker, Zinn, Teakholz
Pro-Kopf-Einkommen ($ im Jahr): 830
Bevölkerungswachstum (% im Jahr): 1,9
Lebenserwartung: Männer 61, Frauen 67

Kambodscha

Fläche: 181 035 km^2
Einwohner: 7,87 Mio.
Hauptstadt: Phnom Penh, 700 000 Einw.
Staatsform: Volksrepublik mit kommunistischer Einheitspartei
Währung: 1 Riel = 100 Sen
Bevölkerung: 93 % Khmer, 4 % Vietnamesen, 3 % Chinesen

Sprache: Khmer (Staatssprache), Französisch (Handelssprache)
Religion: Buddhisten (88 %), Moslems, christliche Minderheit
Klima: Tropisches Monsunklima mit Hauptregenzeit von Mai bis Oktober. Durchschn. Temp. ganzjährig zwischen 26 °C und 30 °C
Bodenschätze: Phosphat
Hauptexportgüter: Kautschuk, Edelholz
Pro-Kopf-Einkommen ($ im Jahr): 113
Bevölkerungswachstum (% im Jahr): 5,7
Lebenserwartung: Männer 45, Frauen 47

Bildnachweis

(l. = links; o.l. = oben links; u.l. = unten links; r. = rechts; o.r. = oben rechts; u.r. = unten rechts; o. = oben; M. = Mitte; u. = unten)

Umschlagvorderseite:
Valentin/Explorer
Innenteil:
6 o.: F. Huguier; 6 M.: Mayer/Magnum; 6 u.: C. Lénars; 7 o.: Ayer/Rapho; 7 u.: J. Bottin; 8 o.: Simon Gamma; 8 M.: Perno/C. D. Tétrel; 8 u.: Riboud/Magnum; 9: Vulcain/Explorer; 10 u.: Gohier/Pitch; 10 o.: D. Prest; 10/11: Mayer/Magnum; 12 u.: Fraudreau/Top; 12 o.: C. Lénars; 12/13: C. Lénars; 14: D. Prest; 14/15: Lolliot/Fotogram; 16 o.: Barbay/Magnum; 16 u.: M. F. de Labrouhe; 17: Almasy; 18/19: S. Held; 20: C. Lénars; 21: Gerster/Rapho; 22 u.: C. Lénars; 22 o.: Perno/C. D. Tétrel; 23: Vulcain/Explorer; 24: S. Held; 24/25: R. Schmid/Bildarchiv Huber; 26 u.: F. Huguier; 26 o.: Favreau/Fotogram; 26/27: Lolliot/Fotogram; 28 o.: Delcourt/Rapho; 28 u.: C. Lénars; 29: Vulcain/Explorer; 30 l.: Reboul/Arep; 30/31: S. Held; 31 u.: P. Ménanteau; 32 o.: S. Held; 32/33: Papigny; 34/35: Renaudeau/Top; 36 u.: C. Lénars; 36 o.: Robillard; 36/37: Prest; 38: C. Lénars; 39: C. Lénars; 40 o.: Perno/C. D. Tétrel; 40 u.: Robillard; 41: Leduc; 42 o.: S. Held; 42/43: Valentin/Explorer; 44 o.: S. Held; 44 u.: C. Lénars; 45: C. Lénars; 46: F. Gohier; 47 u.: F. Gohier; 47 o.: Vulcain/Explorer; 48: Cros/Explorer; 49: A. Robillard; 50 o.: Valentin/Explorer; 50 u.: Saulnier/Fotogram; 50/51: Bert Leidmann; 52/53: C. Lénars; 54 o. l.: A. Robillard; 54 o. r.: C. Lénars; 55: C. Lénars; 56: C. Lénars; 57: C. Lénars; 58/59: C. Lénars; 60 u.: C. Lénars; 60 o.: Valentin/Explorer; 61: Saulnier/Fotogram; 62: C. Lénars; 63: Nairn/A. Hutchison Lby; 64 o.: Turner/Image Bank; 64 u.: Nairn/A. Hutchison Lby; 64/65: Lolliot/Fotogram; 66: C. Lénars; 67: C. Lénars; 68: C. Lénars; 69: F. Huguier; 70: F. Huguier; 71 u.: F. Huguier; 71 o.: S. Held; 72 o.: Vautier/De Nanxe; 72 u.: F. Huguier; 73: C. Lénars; 74 u.: Demesse/A. A. A. Photo; 74 o.: Dumas/Fotogram; 74/75: ZEFA/Vloo; 76 l.: Vautier/De Nanxe; 76/77: Vautier/De Nanxe; 78/79: Yamashita/Rapho; 80 o.: Vautier/De Nanxe; 80 u.: F. Huguier; 81: Frédéric/Explorer; 82 u.: C. Lénars; 82 o.: C. Lénars; 83: S. Held; 84: Vautier/De Nanxe; 85: The Telegraph/BAVARIA; 86 o.: Guillou/ Atlas-Photo; 86 M.: Vautier/De Nanxe; 86/87: Mayer/Magnum; 88: C. Lénars; 89: Prechez/Pitch; 90 o.: Steinlein/Pitch; 90 u.: Serraillier/Rapho; 91 l.: Guillou/Atlas-Photo; 91 r.: Michaud/Rapho; 92 o. l.: Ostrowski/Image Bank; 92 o. r.: Guillou/Atlas-Photo; 92 u.: Dumas/Fotogram; 93: Steinlein/Pitch; 94 o.: Dumas/Fotogram; 94 u.: Brun/Explorer; 94/95: F. Huguier; 96 o.: C. Lénars; 96 u.: Serraillier/Rapho; 97: Dumas/Fotogram; 98/99: Guillou/Atlas-Photo; 100 o.: Lolliot/Fotogram; 100 u.: Boubat/Top; 101: Renaud/Sidoc; 102 o.: A. M. Bérenger/C. D. Tétrel; 102/103: E. Mendels; 104 u.: Guillou/Atlas-Photo; 104 o.: M. F. de Labrouhe; 105: J. Bottin; 106/107: Dubois/Atlas-Photo; 108: Yamashita/Rapho; 109: Riboud/Magnum; 110 u.: Guillou/Atlas-Photo; 110 o.: Perno/C. D. Tétrel; 110/111: Valentin/Explorer; 112 o.: Guillou/Atlas-Photo; 112/113: Dumas/Fotogram; 114: Guillou/Atlas-Photo; 115: Ionesco/Top; 116: R. Cauchetier; 116/117: Berne/Fotogram; 118/119: Greg Davis/FOCUS; 120: Gerster/Rapho; 121 o.: Robillard; 121 u.: S. Held; 122: Ionesco/Top; 123: Riboud/Magnum; 124 o.: R. Pic; 124/125: Zeyons/Rapho; 125: Riboud/Magnum; 126 o. l.: Boccon-Gibod/Sipa-Press; 126 u.: Bancaud/Sidoc; 126 o. r.: Guillou/Atlas-Photo; 127: Fournie/Explorer; 128: R. Pic; 129: Perno/C. D. Tétrel; 130 o.: C. Rigal; 130/131: Robillard; 132 o.: ZFA/Rapho; 132/133: Lochon/Gamma; 134 u.: E. Guillou; 134 o.: Robillard; 134/135: Annunziata/Explorer; 136 u.: Perno/C. D. Tétrel; 136 o.: Robillard; 136/137: Spiegel/Rapho; 137 o.: J. Darmon; 138/139: Simon/Gamma; 140 o.: C. Lénars; 140/141: Simon/Gamma; 142/143: Robillard; 144 o.: C. Lénars; 144 u.: Robillard; 145 u.: Launois/Rapho; 146 o.: Spiegel/Rapho; 147: Spiegel/Rapho; Karten 148–151 Reader's Digest.